新潮文庫

杉原千畝

—情報に賭けた外交官—

白石仁章著

新潮社版

10348

目次

ヨーロッパ関連地図

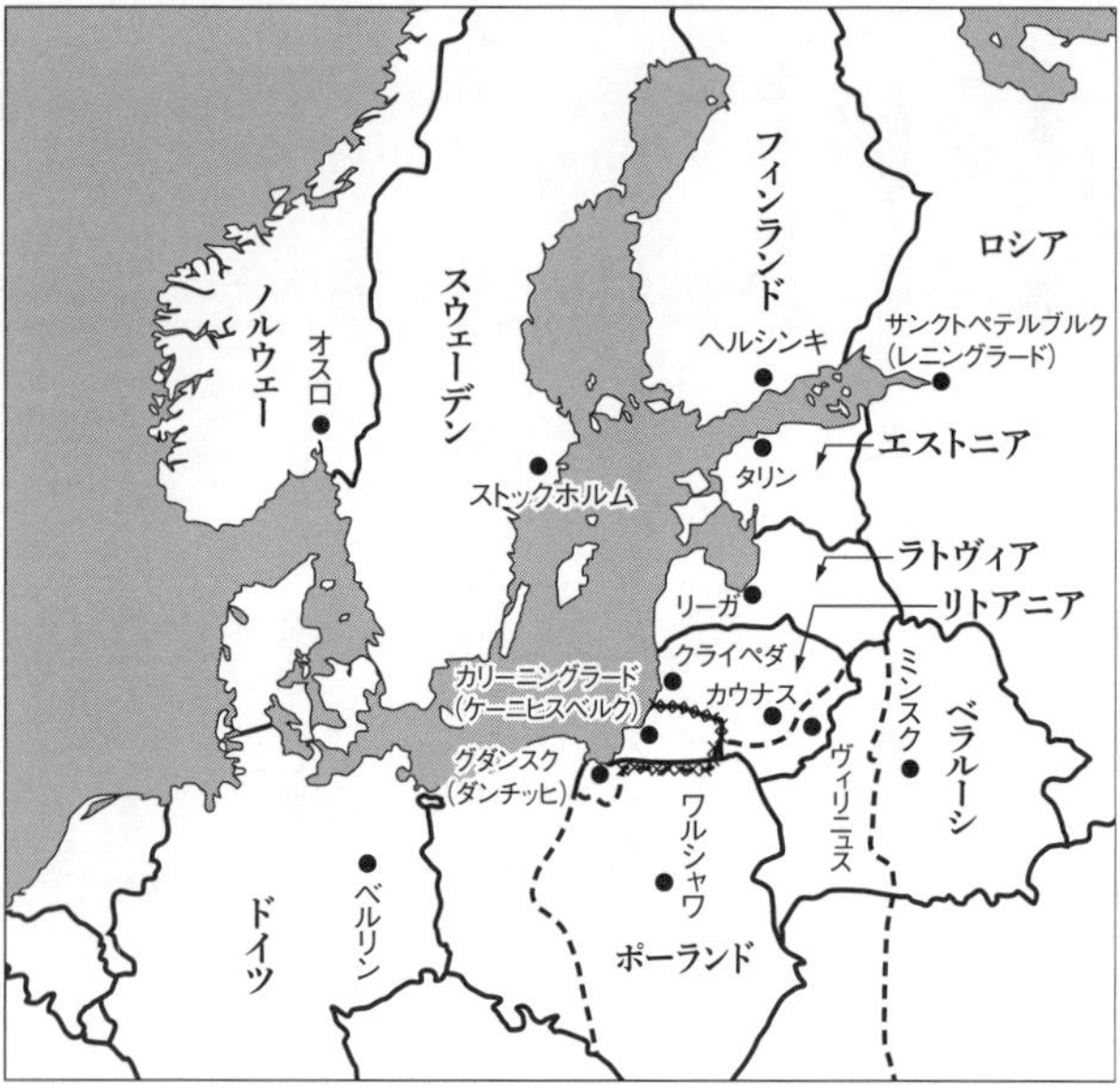

------ 戦間期のポーランドの国境線

××××××× 戦間期の東プロイセン(現在はロシア領)

満洲事変当時の中国東北部

杉原千畝

——情報に賭けた外交官——

プロローグ　杉原の耳は長かった

「これはスタンプだ！　それもほとんど全文スタンプだ！」

パソコンの画面に映る一枚のヴィザの画像を食い入るように見つめながら、思わず驚きの声を上げてしまった。第二次世界大戦下、危機的状況に追い込まれたユダヤ系避難民のために多数の日本通過ヴィザを発給して命を救ったことで知られる外交官杉《すぎ》原千畝《はらちうね》。彼の研究を二五年以上にわたって続けてきたが、この瞬間の衝撃は忘れられない。

杉原千畝研究において、彼が発給したヴィザそのものは、最も重要な物証であるが、ここで一つネックとなるのは、ヴィザの持主たちが容易には手放そうとしないため、現物を詳しく研究することが難しいという点である。無理もない話だ。彼らは、そのヴィザにより救われ、戦乱の欧州から脱出することが可能となったのだから、かけがえのない宝物として大事に保管している事例が多く、たとえ研究の発展に寄与するとしても寄贈することなど考え難いのだ。

しかし、デジタル画像や電子メールなどの技術的発達が、状況を一変させてくれた。ヴィザそのものの提供には応じられないが、画像であればと研究のために提供して下さる方々が徐々に現れてきたのだ。筆者も幸いながら、いくつかのヴィザの画像を入手している。それらを詳しく確認し、比較することによって、新事実に出会うこともしばしばだが、冒頭で記したヴィザとの出会いは、全くの予想外の事実を突きつけてきたのだ。

杉原千畝が発給したヴィザは、必要事項を手書きで書いたもので、短期間での大量発給は超人的な努力の成果だと思っていた。しかし、先のヴィザの場合には、ほぼ全文、驚くべきことに杉原のサインですらスタンプ化されていたのだ。この発見は、微妙なインクの違いまで確認可能な電子画像だからこそなせる業であり、そこには、まだ見ぬスギハラの素顔が立ち現れたと言っても過言ではない。このような新事実を示す物証を前にして、杉原千畝研究の奥深さを改めて思い知らされた瞬間であった（詳細は本書第六章を参照）。

今を去る一九九〇年に出会った一冊の図書、杉原幸子《ゆきこ》（杉原千畝夫人）『六千人の命のビザ』を読んだことが杉原研究に踏み出すきっかけであった。偶然だが、その年は杉原がリトアニアのカウナスでユダヤ系避難民などに日本の通過ヴィザを発給して多数の人命を救ってからちょうど五〇年にあたった。その当時は、ほとんど知られざる人物だった杉原が、今では各方面から注目を集めているのは非常に喜ばしい限りだ。

杉原千畝の背中をひたすら追いかけて過ごした日々のなか数多くの出会いに恵まれ、今日まで研究を続けてきた。そして、冒頭で記した一枚のヴィザのように、思いもかけないタイミングで重要な情報に接し、神秘のベールに包まれ続けている杉原の実像に一歩でも近づけた時に、無上の喜びを感じざるを得ない。

筆者の場合、外交史料館勤務という、杉原千畝研究にあたっての素晴らしいメリットがある。外務省記録は、テーマ別に分類・ファイリングされているので、杉原千畝関係史料が一冊のファイルにまとまっているわけではない。杉原が関係したであろう事件やテーマを考え、それらがどのように分類されているかを推測し、一冊一冊ファイルにあたっていく作業は根気が必要だが、それだけに関連する史料を見つけた時の喜びは大きい。まさに宝探しの世界であり、恐らく端《はた》からは非常に地味な作業に見えるだろうが、本人にとってはスリルに満ちた楽しい時間に他ならない。

調べた成果を少しずつ学術論文などにまとめていると、ある日思いがけない転機が訪れた。手嶋龍一《てしまりゅういち》慶應義塾大学大学院教授がわざわざ史料館まで訪ねてきて下さり、新しい杉原像を提示する試みにチャレンジすることを勧めて下さったのだ。

新しい杉原像とは、従来のヒューマニストとしての杉原千畝像を壊すことではなく、他の面から杉原を描く、具体的にはインテリジェンス・オフィサーとしての杉原千畝を描くことであった。そのためには謙虚に史料と向かい合い、史料の行間から聞こえてくる杉原の声を注意深く聞くことこそ最良の道であると思えた。それであれば、是非挑戦してみたい。そのような決意の結果が本書である。

インテリジェンス活動とは、貴重な情報を入手し、精査し、将来のために役立てる活動である。近年「インテリジェンス」という言葉は、日本でもようやく理解され始めたが、まだまだ一般的にはなじみの薄い言葉であろう。訳語として「課報《ちょうほう》」が使われることも多いが、「課報」は時としてマイナスのイメージを与えかねない。しかし、本書をお読みいただければ、杉原がインテリジェンス活動を通じて、多くの人命を救ったこと、また受け止める側が的確な判断を下してさえいれば、戦争を回避し得た可能性すらある重要情報を入手していたことがおわかりいただけるはずだ。もし、あの戦争を回避できれば、どれだけ多くの悲劇が防げたであろうか……。

杉原が行ったインテリジェンス活動は、戦争や混乱に結びつく活動では決してない。

むしろその正反対、人々に平和と秩序をもたらすための活動であった。だからこそインテリジェンス・オフィサーとしての杉原千畝に着目したしだいである。

もちろん、杉原千畝が偉大なるヒューマニストであったことを否定するつもりは毛頭ない。彼によって命を救われた人々は、リトアニアのカウナスだけでも六〇〇〇人にのぼり、この人々の子ども、孫、ひ孫などまで合わせると今や二〇万人にふくれあがっているという。さらに、本書で明らかにするようにプラハでも多数の人々を救っているので、その実態が判明すれば、杉原の判断で命を救われた人の数はさらに増えることとなるであろう。

杉原は、一九八五年にイスラエル政府より「諸国民の中の正義の人」という称号を授けられた。この称号は、ホロコーストに抵抗し、命がけでユダヤ人の命を救った非ユダヤ人に贈られる最高に名誉ある称号で、日本人では今日まで杉原以外に授けられた人物はいない。その記念のメダルには「一人の命を救う者が全世界を救う」というユダヤ人の教えが刻まれている。杉原は、避難民たち一人一人を救うことに全力を尽くした。まさかその総数が六〇〇〇人になるなどとは、思っていなかったであろう。それぞれの無事を祈りながらヴィザを発給し続けた結果、総計六〇〇〇人以上の人々を救うことにつながったのである。

それゆえに、杉原千畝は、多くの人々に感動を与え続けている。それは、間違いない。しかし、杉原千畝の「ヒューマニスト」としての側面のみを知って満足してしまってはもったいないのではなかろうか。より深く杉原千畝を研究すべき時代がきたのだ。

関係者へのインタビューが可能なことが、現代史研究の興味深いところではある。その意味で、多数の関係者が存命であった時期に杉原研究が開始され、インタビューの蓄積がなされたことは幸いであった。インタビュー、専門用語でいうところのオーラル・ヒストリーが中心となったのが、杉原研究の第一期であった。この第一期の研究において「ヒューマニスト杉原千畝」の名は不動のものとなった。しかし、今や、幸子夫人（二〇〇八年一〇月八日逝去《せいきょ》）をはじめ多くの関係者がお亡《な》くなりになり、今後インタビューで新しい事実が明らかになる可能性は低いであろう。

杉原研究も第二期、新しい時代に入る必要があるのではないか。既に手嶋龍一氏の小説『スギハラ・ダラー』（文庫版『スギハラ・サバイバル』）により、新時代の方向性が示唆《しさ》された。それこそ、インテリジェンス・オフィサーとしての杉原千畝に注目した研究である。

手嶋氏は、著書『一九九一年 日本の敗北』（文庫版『外交敗戦』）の中で、優秀なインテリジェンス・オフィサーを「耳の長いウサギ」にたとえたが、まさに至言であろう。ウサギのように機敏で、決して暴力的ではなく、長い耳、すなわち範囲の広い情報網をめぐらすことこそがインテリジェンスの基本だ。本書で明らかにするように、地道で、気の遠くなるほどの忍耐力を必要とする、それがインテリジェンス活動だ。

インテリジェンス・オフィサーとしての杉原の活動、それは隠密《おんみつ》行動ゆえに元避難民たちが知るよしもない。身近にいた幸子夫人にすら、杉原は具体的な話をしていない。本書で明らかにするように、ケーニヒスベルク（現カリーニングラード）の総領事館に在勤中、杉原はインテリジェンス・オフィサーとして一大成果をあげるが、幸子夫人の回想録にもそのことが全く触れられていない。

インテリジェンス・オフィサーとしての杉原を明らかにするには、インタビューの成果を踏まえつつ、史料の丹念な検証が必要となる。本書は、現存する史料を広範に用いた本格的な杉原研究の最初の一冊だと自負している。

史料が語る杉原千畝の姿、それは従来語られてきた偉大なヒューマニストの姿を否定するものではない。むしろ、偉大なヒューマニストの側面に、稀代《きたい》のインテリジェンス・オフィサーの姿が加わってこそ等身大の杉原像に近づけると確信している。

インテリジェンスを耳の長いウサギにたとえるのならば、時として類似の活動と誤解される謀略はあの有名なアニメのキャラクター、「ジャイアン」の行動様式に近い。本書をお読みいただくうちに両者の違いをご理解いただけるであろう。

本書は史料に基づいているが、一般読者、特に若い世代に読んで貰《もら》いたいと思い、今日の読者にはいささか読みにくいと思われる当時の史料を、原文のまま直接引用することは避け、平易な文体に改めるように努めた。

筆者は、かつて一〇年ほど大学で非常勤講師を続けていたが、毎年テーマに杉原を採り上げるたびに、学生諸君が一段と熱心に聞いてくれ、本書を書く大きな原動力になった。若者がなかなか夢や希望を語りにくい現状において、彼らが将来を考えてゆく上で、本書が多少なりとも寄与できることを願うしだいである。

なお、本書における見解は、筆者の個人的なものであり、筆者の属する機関の見解を代表するものではない。

杉 原 千 畝

第一章　インテリジェンス・オフィサー誕生す

「運命」のロシア語との出会い

「運命」、「偶然」、この二つの言葉を避けて通ることは誰も出来ない。あのときあの場所にいなければ、あるいはあの人との出会いがなかったらというような思いは、誰しも持っているものだ。

本書の主人公――外交官であり、日本が生んだ最高のインテリジェンス・オフィサーの一人、杉原千畝も例外ではない。それどころか、彼の人生は、不思議な「運命」と「偶然」に満ちていた。そもそも彼は積極的に外交官になることを希望していたわけではないのだ。

杉原千畝は、一九〇〇年一月一日に岐阜県で生まれた。父親の好水《よしみ》は税務署に勤めていて、母親はやつ、千畝は四男一女の次男であった。

父好水は、学業成績が抜群に良かった千畝を医者にしたいと思っていた。ところが、千畝は英語が好きで、語学を活《い》かせる職業に就きたいと願っていた。

「梅檀《せんだん》は双葉より芳《かんば》し」という格言を地でいくように、後にロシア語をはじめ多くの言葉を自在に操った才能の萌芽《ほうが》は、既に一〇代の頃から現れていたようだ。晩年の話だが、杉原家では「おおパパ（千畝を指す）が一番苦手な言葉は何だろうか？」、答えは「日本語」という冗談が交わされていたそうだ。

　医者にしたいという父の強い希望により、千畝青年は、一応医学専門学校を受験することになった。しかし、答案用紙を白紙のまま提出し、わざと不合格になるという強硬手段を採った。ところが、千畝の日ごろの成績の良さを熟知していた父親がこの試験結果を不審に思い、学校側に確認したため、白紙提出がばれてしまった。

　激怒する父親から逃れ、家出同然で上京し、語学を活かした職業に就きたいとの一念から、一九一八年の春、早稲田大学高等師範部（現在の教育学部）英語科に入学したのであった。

　親の反対を押し切ってまで決めた道であり、当然親からの仕送りなどはなく、自力で学費を稼ぎながら学ぶつもりだった。しかし、さすがに学費から生活費までを稼ぐ生活は厳しく、何とかしなくてはと思っていた矢先に「偶然」の第一波が訪れたのであった。

一九一九年五月の末、たまたま目にした新聞に外務省が留学生を募集しているという記事を発見。外務省留学生に合格すれば、給料を貰《もら》いながら語学を学び続けられる。しかし、その年の試験が行われるのは七月三日からなので、準備期間は実質一月しかない。しかも、留学生試験には語学だけではなく、法律、経済、歴史など幅広い受験科目が課せられる。

この厳しい条件に対して千畝青年は、「当たって砕けろ」という気持ちになり、猛勉強を開始した。

留学生試験に向けての努力について、この翌年、当時の受験雑誌『受験と学生』から執筆依頼を受けた彼は、同誌一九二〇年四月号に「雪のハルビンより—外務省留学生試験合格談—」を寄稿している。渡辺勝正『真相・杉原ビザ』に再録されたこの記事から当時の様子を再現してみよう。

杉原は月曜日から日曜日までびっしりと予定を決め、黙々とこなした。そのスケジュールは、次のようなものだ。

	〈午前〉	〈午後〉
月曜日	経済	歴史

火曜日　国際法　経済
水曜日　国際法論　歴史
木曜日　国際法　法学通論
金曜日　歴史　国際法
土曜日　経済　法学通論
日曜日　英語

猛勉強の末に迎えた留学生試験だが、同年の受験者は三九名であった。七月三日の身体検査は全員が合格し、学術試験に進んだ。一次試験は、同五日に日本語および外国語それぞれの作文があり、さらには英語およびドイツ語それぞれの外国語解釈、一日空いて七日には英語およびドイツ語の書取りと会話の試験が続いた。聞きしにまさる厳しさと言えよう。翌八日の一次試験合格者発表には杉原も名を連ねた。語学の達人は、既にこの段階で英語だけではなく、ドイツ語もマスターしていたようだ。

翌日から二次試験が開始され、九日には法学通論および国際公法大意、一〇日には経済学大意および世界歴史と続き、約一週間にわたる苛酷《かこく》な試験は終了した。

最終的な合否は、合格者には試験終了後一〇日以内に合格証明書を添えて連絡されるが、その期間内に通知が来ない場合には不合格ということであった。結果を待つ身には、何とも辛《つら》い待機であったことが容易に察せられる。

一週間ほどたった頃外務省人事課より一通の葉書が来て、同一七日の午後二時に人事課へ出頭するようにと通告された。規程の手続きとは異なっていたので不安を胸に抱きつつ、杉原は、当日外務省を訪れた。

呼び出した受験生を前に、担当官が理由を説明した。その年は、一八名採用の予定であったが、試験結果があまりよくなかったので一四名のみを採用することになった。合格者たちに正式な通知を送らず呼び出したのは、彼らが専攻することを希望した語学に偏《かたよ》りがあり、調整する必要が生じたからであった。

この年は、たまたまスペイン語を希望する者が多く、中国語およびロシア語が少なかった。そこで、各自再検討の上、もう一度希望する語学を一から三番まで書かせ、できるだけそれに合わせて再調整したいという意向であった。

この語学希望の偏りは、一九一九年という年を考えれば容易に納得できる。前年第一次世界大戦が終わり、ヴェルサイユで講和会議が開かれた時期にあたった。会議の結果、後に杉原と深い関わりをもつことになるポーランドの独立が承認され、日本も当然その独立を承認し、両国の外交関係が樹立された年であった。

第一次大戦中、さらには大戦後の日中関係は決して良好とは言えなかった。大戦中に日本が中国に強要したいわゆる「対華二一カ条要求」、特に、ドイツが中国から譲り受けた山東半島の利権を日本がそのまま譲り受けようとしたことが中国の反感を買った。五・四運動に代表される反日運動が活発化したのはこの年であった。それゆえ、危険を伴う中国勤務が忌避され、中国語を学ぶ希望者が少なかったようだ。杉原自身も「たびたび排日が起こる国で物騒」と記している。

中国語希望者が少なかった理由として、「人間は元来美なるものを好み、ペンで横文字をすらすら書く方を望むから」との分析も興味深い。縦書きゆえに中国語は人気がなかったというのである。まさか、後年ユダヤ避難民への大量のヴィザ発給にあたり、縦書きによる日本語の署名を延々と書き続ける羽目に陥るとはこの時には予想もしなかったであろう。

不人気であった言語のもう一方、ロシア語については、二年前の一九一七年にロシア革命が起こり、特に十月革命、いわゆるボルシェヴィキ革命によりロシア国内は混乱の最中《さなか》にあったためと思われる。

杉原たちが試験を受けた年の前年にあたる一九一八年、革命政権は、ロマノフ王朝最後の皇帝、皇太子時代に来日した経験もあるニコライ二世とその家族を、飼い犬に至るまで惨殺《ざんさつ》した。ニコライ二世が残した最後の言葉は「君たちは我々を裁判にもかけずに処刑するのか！」という悲痛なものであった。

ロシアは、一九一八年三月三日、ドイツなど同盟国側とブレスト・リトウスク講和条約を結び、単独講和をしたので、日本を含む連合国とは国交が途絶えた状況にあった。それゆえ、ロシア語を希望する者が少なかったのも当然であった。

杉原は、希望者が多いスペイン語を当初選択していたが、スペイン語枠が一名のみと知り、本人曰《いわ》く「仕方なく」ロシア語に変更したという。もっとも翌年に「雪のハルビンより」を書く頃には、ロシア語研究こそ日本の現在および将来にとって「最も肝要ゆるがせにすべからざるもの」と悟ったのであるが。

それにしても、もし、この年、外務省の期待どおりロシア語（と中国語）を希望する者の人数が適切であり、杉原がすんなりとスペイン語の専門家の道に進んでいれば、彼のその後の人生は大きく変わったことであろう。本書でこれから明らかにしていくように、彼がロシア語を学んだことは、のちの日本にとって計り知れないほど大きな意味を持ったのであった。

ロシア語専門家として

外務省留学生に合格した杉原だが、ロシア語を学ぶにも当時革命後の新政権とは国交もなく、ロシア国内への留学は不可能であった。特に極東においては日本を中心とした諸国によって、ロシア革命に対する干渉戦争であるシベリア出兵が行われていた時期であったので、日ソ間は戦争同様の状況にあった。

革命後のロシア・ソ連と国交が結ばれていない時期にロシア語を学ぶにはどのような途《みち》が考えられたのだろうか。ここで、アメリカの高名なソ連通外交官ジョージ・F・ケナンの例をみてみたい。

アメリカはソ連との外交関係樹立が諸外国の中でも特に遅く、一九三三年まで待たねばならなかった。そのため、ケナンがロシア語を学んだ地はかつてロシア領であったエストニアとラトヴィアであった。

一九二八年七月、エストニアの首都タリンで語学研修を開始した彼は、表現力に富むロシア語の魅力にとりつかれた。翌年ラトヴィアの首都リーガに移ったが、国境一つ隔てたソ連国内で集団農場運動や第一次五カ年計画がスタートしたというニュースに接し、その成否について同僚たちと熱心に議論していたという。

杉原の場合には、当時日本で使われた表現では満洲、現在の中国東北地区（以下、本書では歴史的表現としての満洲を使う）のハルビンに向かった。

ハルビンは、一八九八年にロシア人が造った街である。ロシアと清《しん》国が共同で、満洲の大地に大きくアルファベットのTの字を描くように東清鉄道という鉄路を敷設《ふせつ》中であり、ハルビンはT字の縦棒と横棒がぶつかる位置にあった。そのため鉄道経営の拠点とする目的で、ロシア人が市街を建設したというわけだ。

日露戦争で勝利を収めた日本がロシアから譲渡された南満洲鉄道、いわゆる満鉄は、この巨大なT字の縦棒部分とほぼ重なっている。

ロシア革命後、ハルビンには革命政権を好まないロシア人、革命の赤に対して白ということで白系露人と呼ばれる人々が多く居住していたので、日本人がロシア語を学ぶ好適地となっていた。

先の「雪のハルビンより」によれば、当時ハルビンにはロシア語の専門学校がなく、杉原はロシア人の家に下宿してロシア語に親しみ、また個人教師を雇って文法を学んでいたそうだ。所用があって総領事館に顔を出すと、大勢のロシア人がヴィザの手続きに来館している様子を目にしたが、総領事館にロシア語を解する者が少ないことに驚かされたという。そこでロシア語の需要の大きさを実感し、猛勉強につながったとも記している。

翌一九二〇年一一月には一度休学し、一年間志願兵として陸軍に入隊し、朝鮮龍山（現在のソウル市内）歩兵第七九連隊第一二中隊に配属された。一九二一年一二月二日付で外務省の口頭試験部第二書記を務めていた渡辺新一に送った電報によると、一一月末で志願兵としての現役一年を終えたが、一二月一日付で予備役見習士官としてさらに一二〇日の甲種勤務演習に服すよう命令された。そのため、復学は一九二二年四月からになる見込みとある。

後年、陸軍の横暴ぶりにたびたび反感を感じた杉原であったが、陸軍の方は杉原を気に入っていたようだ。

杉原が軍務に就いた年の九月、ハルビンにおいては、ロシア語専門家養成の必要から、外務省所管の旧制専門学校、日露協会学校が設立された。後のハルビン学院である。ロシア語を専攻する外務省留学生たちも同学校に通っていたので、杉原も一九二二年三月末に満期除隊した後、九月から聴講生となった。

外務省所管の学校ということもあり、当時の成績表が本省に送られ、今日まで残っているので確認してみよう。

聴講生になった直後の試験では、作文、ロシア語和訳、和文ロシア語訳、会話など七種の試験で全《すべ》て八〇点以上をとり、健康、品行、勉強ぶり全て「甲」と評価された。また、付記としてその年の九月まで、ロシア人の家庭で生活しながらロシア語を学んでいたことも記されている。

翌一九二三年二月から三月にかけて行われた試験では、例えばロシア語の暗誦《あんしょう》に関する試験について、彼だけが要旨をまとめたレジュメを用意していたことが特筆され、用意周到ぶりを示した。その話しぶりは演説的ですらあり、態度もアクセントも発音も全て高水準に達していると、ほぼ絶賛に近い。また、着想も興味深いものがあり、将来有望との高評価を得たのであった。

総合的評価として、このまま精進し続ければ、三年間の留学期間満了後には書記生として総領事館勤務をしても差し支えないと太鼓判を押された。

この試験実施の頃、ハルビンにおけるロシア語留学生について、一つの問題が持ち上がっていた。留学生がハルビン一カ所に集中するのは、彼らが語学を学ぶにあたり、必ずしも良い状況ではないということらしい。このような事情を察したのか、杉原は自ら国境付近の満洲里《まんしゅうり》に転学の希望を出した。駐ハルビン山内四郎総領事は、二月五日付で内田康哉《やすや》外務大臣にその旨《むね》の許可を求め、三月五日付で許可が下りた。

杉原は三月三〇日にハルビンを出発し、翌日には満洲里に到着した。同地においてもロシア語の研鑽《けんさん》に励み、駐満洲里領事代理によるロシア語の考査では九〇点をとり、一、二年先輩よりも優秀との高評価を得たのであった。

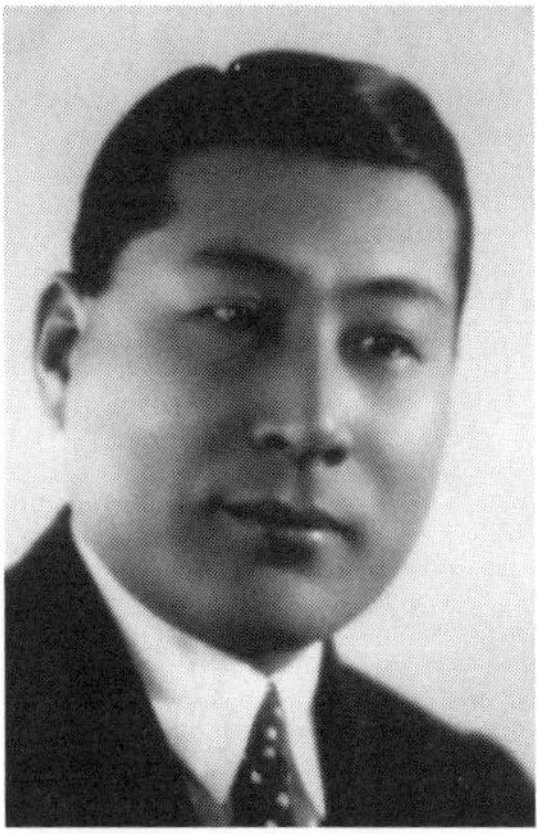
外務省入省当時の杉原千畝
(NPO「杉原千畝命のビザ」提供)

結婚相手は白系露人

一九二四年二月八日、外務書記生に任ぜられ、杉原は正式に外務省の一員となったが、ほぼ同時期に、彼の私生活にも大きな変化があった。白系露人の女性クラウディア・アポロノヴァとの結婚である。

三歳年下の美しいロシア女性と杉原がどのように知り合ったのか。この点を明らかにする史料も関係者の証言も見当たらないので、残念ながら全くわからない。しかし、ロシア語を学ぶため率先して白系露人の社会に飛び込み、彼らとの交際を深めていた杉原だけに、さほど不思議なことではない。

当時外務省では、外国人と結婚するには大臣の許可が必要であった。外務書記生に任ぜられた一週間後の二月一五日付で外務省に結婚届を提出し、一〇カ月も後の一二月二六日になってようやく当時の外務大臣、幣原喜重郎《しではらきじゅうろう》により追認された。

当時まだ日本とソ連の間に国交が樹立されていなかったこともあり、たとえ相手が「白系」であってもロシア人との結婚は容易に承認されなかったのではないかと思われる。翌年一月二〇日に、日ソ基本条約が結ばれる運びとなり、国交回復の見通しがついたことも手伝って追認されたのであろう。

白系露人の伴侶《はんりょ》を得たことは、ハルビンの白系露人社会における信頼をも得ることにつながった。杉原がインテリジェンスの道に踏み出すにあたって、このクラウディアとの結婚が重要な背景となったであろうことは想像に難くない。

危険な活動をこなす日々

外務省入省後、杉原はどのような業務にかかわり、どのように成長していったのであろうか。通常であれば新人外交官の活動など、公式な記録には残りにくい。しかし、記述の信憑性《しんぴょうせい》などの確認を余儀なくされる関係者の回想録や証言に頼らなくとも、幸いなことに杉原の場合には、若き日の彼の活動を裏付ける公的な史料が残っている。一九三七年、彼が三七歳の時、すなわち外務省入省からわずか十数年の頃に書かれており、特殊な例に属する貴重な史料といえる。

その史料とは、在ソ連大使館に二等通訳官として赴任することを命ぜられた杉原が、ソ連側から異例の入国拒絶に遭ったさいの事情聴取をまとめた「杉原通訳官ノ対白系露人接触事情」という調書である。この調書は、外務省入省以来彼が担当した業務について時系列的にまとめてあり、若き日の杉原の活動を知る上で大変参考になる。

外務書記生に任ぜられた当時の駐ハルビン総領事は山内四郎。杉原はこの頃、日本人とソ連人の間のもめごとの仲介を主要任務としていた。彼の卓抜なロシア語能力が入省当時から活かされていたのであろう。

次の天羽《あもう》英二総領事の時には、早くも政治情報の収集、共産主義系の新聞記者に対する工作、日本への渡航を希望するソ連人の身元調査といったインテリジェンス業務にも携わっている。

この時期の杉原に関して特筆すべき成果に、調書「『ソヴィエト』聯邦《れんぽう》国民経済大観」をまとめたことが挙げられる。この調書は、当時のソ連経済事情を多角的に調査した集大成であり、外務省ではこの内容の重要性を認め、わざわざ活字印刷・製本して省内に配布したほどであった。序文には、在ハルビン総領事館杉原書記生の手でまとめられたことが明記されている。

その一冊が現在も外交史料館に残っており、B5判ほどの大きさで六〇〇頁《ページ》以上にもわたる労作である。この調書をまとめた時、杉原は弱冠二七歳であった。天羽総領事以下総領事館関係者、そして本省でソ連関係を担当していた欧米局第一課では、この優れた若者の出現に驚くとともに大いに期待しただろう。

天羽総領事の時には、日本と親しい関係にあった張作霖《ちょうさくりん》地方政権が北京のソ連大使館官舎から押収《おうしゅう》した文書の調査を命ぜられ、北京に出張している。

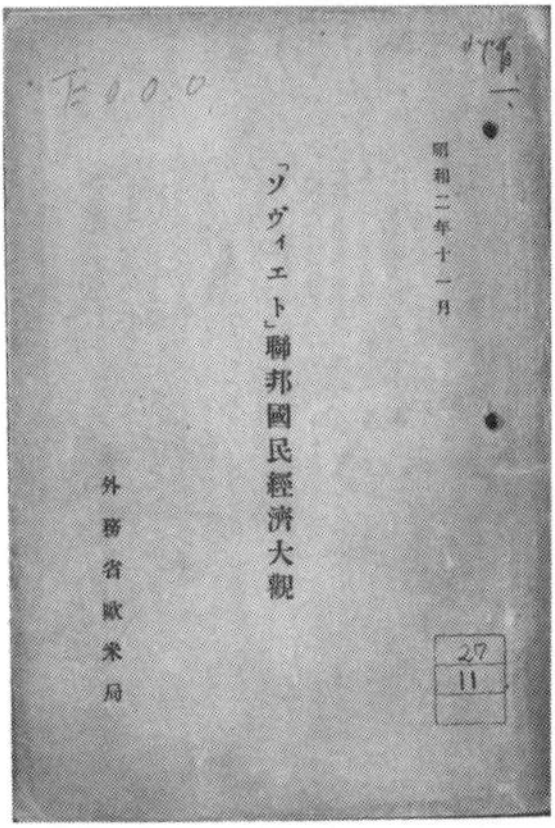

杉原書記生作成の調書「『ソヴィエト』聯邦国民経済大観」（外交史料館所蔵）

張作霖は、馬賊の出であったが、辛《しん》亥《がい》革命に乗じて満洲の中心地である奉天（現瀋陽《しんよう》）に勢力を築き、袁世凱《えんせいがい》の勢力失墜後には奉天の軍事・政治を掌握した。また、若き日に日露戦争においてロシア軍の諜報《ちょうほう》活動に加わり、日本軍に捕らえられて処刑寸前のところ、後に首相にもなった田中義一《ぎいち》陸軍少佐

（当時）に救われ、日本との関係も深かった。奉天掌握前後から日本人顧問を招き、五・四運動が高まった時期にも奉天における排日運動を取り締まり、親日姿勢を示していた。

彼は、反共産主義を強く打ち出し、日本だけではなく欧米諸国からも好意の目で見られることに成功し、一九二七年六月には北京において大元帥《だいげんすい》に就任、自分が中華民国の主権者であることを宣言した。

一九二七年三月、蔣介石《しょうかいせき》率いる国民革命軍が南京に入城し、各国の領事館を襲撃した南京事件が起こった。日本や欧米諸国は同事件が北京に波及することを恐れ、国民革命軍の背後で暗躍していると見られたソ連勢力を北京から駆逐することを張に要請した。翌四月、張の配下が北京のソ連大使館官舎を急襲し、多数のロシア人と共産主義系中国人を逮捕、ビラを含む関係書類を押収した。

この押収した書類の調査に杉原が派遣されたのは、彼のロシア語およびインテリジエンス能力が、この頃すでに高く評価されていた証拠と言えよう。

次の八木元八《やぎもとはち》総領事の時になると、通常業務として天羽総領事時代同様、政治情報の収集、新聞記者への工作、ソ連人の身元調査に携わるとともに、それまで以上に微妙な問題にもかかわっていた。

特にハルビンのソ連総領事館に保管されていた暗号書を奪い出す計画に参加したとの記述は興味深い。これは、暗号書を保管していた金庫の鍵《かぎ》を管理するソ連人担当官が日本側にもちかけてきた話であり、その担当官は、鍵を盗み出すので日本側に買い取って欲しいと申し出たのだ。杉原もその人物と二度密会したようだ。

この当時、相手側電報の暗号解読、あるいは暗号パターンの入手は、最も熾烈《しれつ》な諜報戦の任務の一つであった。水面下における日ソ間の情報戦の凄《すさ》まじさを語るエピソードの一つである。

もう一つ、駐ハバロフスク川角忠雄《かわすみただお》総領事代理から八木総領事への依頼を受けて、ハバロフスクから逃れてきたチェルニャエクなるロシア人の世話をしたという件にも興味をそそられる。ソ連側の重要情報を売りつけるなど、ソ連を裏切り日本を頼ってきた人物かと思われ、杉原が「怪露人」という表現を用いているので、かなり危険な人物だったと推測される。

杉原は、この怪露人チェルニャエクを諜報者として操縦していたと記している。相当な曲者《くせもの》の相手を任せられていたということは、八木総領事の信頼を得ていた証《あか》しに他ならず、対ソ関係のインテリジェンス・オフィサーとして杉原は着実に成長しつつあったと言えよう。

「霞ヶ関には稀《まれ》な」外交官と出会う

ハルビン総領事館在勤時の杉原を語る上で、大橋忠一《ちゅういち》総領事との出会いは重要だ。後述するように杉原は大橋に高く評価され、満洲国外交部に移籍することになったので、杉原の人生に大きな転機をもたらした人物である。ところが、大橋は外務省の中でもかなりの「変わり者」であったようだ。

杉原より七歳年上の一八九三年生まれだが、杉原が外務省留学生試験に合格した前年にあたる一九一八年に、東京帝国大学（現在の東京大学）英法科を卒業し、同年の外交官試験に合格した。同期には、後に杉原が駐カウナス副領事を務めた時期の駐ラトヴィア（エストニア、リトアニア兼任）公使であった大鷹正次郎《おおたかしょうじろう》などがいた。

大橋は、入省後一年ほど奉天に勤務した後、一九二七年までのおよそ八年間はアメリカ各地に勤務した。その後、通商局第三課課長を経て、一九三〇年に在中国公使館一等書記官に任ぜられ、ほぼ一〇年ぶりに中国へ戻った。翌年六月に駐ハルビン総領事に任ぜられ、杉原の上司になったが、それは満洲事変勃発《ぼっぱつ》のわずか三カ月前のことであった。

大橋を「霞ヶ関には稀な」外交官と評したのは、満洲事変勃発時の奉天総領事館領事であり、第二次世界大戦中には駐ポルトガル公使、戦後社会党に所属して衆議院議員も務めた森島守人《もりと》であった。しかし、森島自身も、外交官としては、「王道」を歩んだタイプとはとても言えない。

この時期、霞ヶ関外交の主流は、たびたび外務大臣を務めた幣原喜重郎を中心としたいわゆる「幣原外交」であった。「幣原外交」が国際協調を基調とした平和的な外交であったという単純な評価は、もはや過去のものだろう。現在では、多くの研究者により「幣原外交」の功罪が詳細に論じられている。戦後いち早く満洲事変前後における「幣原外交」の問題点を指摘した一人が森島であり、その意味では「先見の明」がある人物であった。

森島は中国在勤が長く、いわゆる「現場」の外交官であった。森島の幣原批判は、中国在勤経験がない幣原が外務大臣に就き、外務省首脳陣にも幣原好みの欧米問題の専門家が据えられ、中国問題を

逸材杉原に注目した大橋忠一
（外交史料館所蔵）

知悉《ちしつ》する人物が外されたことへの不平によるところが大きかった。森島は、幣原の対中国政策が原理原則を重視し、現実に即していないと批判したが、基本的には、中国との間に友好関係の増進を図る点においては、森島も幣原と軌を一にしていた。

これに対して大橋は、幣原とも森島とも全く違っていた。満洲事変が勃発すると、後述するように陸軍中央部ですら、事変が北満洲に及び、対ソ戦に発展することを恐れ、関東軍と激しく対立した。そのような状況下、関東軍に同調し、北満洲の要地ハルビンへの出兵を強く要請した外交官が大橋だった。

ハルビンに出兵する口実を得るために関東軍は、元憲兵大尉《たいい》、関東大震災のさいに無政府主義者大杉栄《おおすぎさかえ》などを惨殺したことで知られる甘粕正彦《あまかすまさひこ》に命じ、自作自演の爆破騒ぎを起こした。これに呼応してハルビンの治安維持のために出兵を要請したのが大橋総領事であった。結果、大橋は、外務省における「関東軍の同調者」にして「北満出兵論の急先鋒《きゅうせんぽう》」と言われるようになった。

森島が満洲事変勃発直後に奉天特務機関に駆けつけ、その場に居合わせた板垣征四郎《せいしろう》関東軍高級参謀に外交交渉による解決を訴えたのとは、好対照をなしている。ちなみに、森島はそのさい同席していた花谷正《はなやただし》少佐から「統帥権に容喙《ようかい》するのか」と、軍刀を突きつけられたという。このような経験から、森島は後年、彼の回想録に『陰謀・暗殺・軍刀』というタイトルをつけたのであった。

共産党員の溜《た》まり場に紛れ込んで

この「霞ヶ関には稀な」変わり者、大橋忠一総領事がなぜ杉原を重用したのだろうか。後述するように杉原は満洲事変に否定的で、関東軍の手伝いを強要されることには抵抗すら覚えていた。主義主張や行動様式が大幅に異なる二人を結びつけたのは何だったのであろうか。

大橋も岐阜県出身であり、同郷の杉原を可愛《かわい》がったという見方もあるが、それだけが理由であったのであれば、大橋という人物の器量が疑われる。彼は、逸材杉原に何を見出《みいだ》したのか。

ここでまた参考になるのが先の「杉原通訳官ノ対白系露人接触事情」だ。大橋総領事の時代に、杉原が大橋に同行してソ連領に旅行したエピソードが記されている。ウラジボストークにおいて、日本人共産党員の巣窟《そうくつ》である海員クラブに誤って紛れ込んでしまい、日本人の共産党員に発見されそうになったという一件が実にさりげなく書かれている。

この時代、日本共産党は非合法であり、弾圧の対象であった。近年再評価されている小林多喜二《こばやしたきじ》に『一九二八年三月十五日』という作品があるが、国家による凄まじいまでの共産党員弾圧が描かれ、読む者を震えあがらせる。一九二八年の三・一五事件によって多くの共産党員が逮捕され、拷問《ごうもん》を受け、命を失った者も少なくなかった事実に基づいた小説だ。翌年には四・一六事件で、再度多くの共産党員が弾圧された。また、小林自身が逮捕され、獄中でむごたらしい最期《さいご》を遂げたのは、一九三三年のことであった。

その共産党員の溜まり場に、のこのこと駐ハルビン総領事と総領事館員が紛れ込んだのである。共産党員にしてみれば、憎むべき日本政府の関係者ということになるから、危険この上ないことであった。これが杉原の書いたとおり「誤って」紛れ込んだのであれば、総領事を危険に巻き込んだとして叱責《しっせき》や懲罰の対象にならなくてはおかしい。

大橋は、ロシア語に堪能《たんのう》でウラジボストークの事情にも通じた杉原にあえて日本共産党員の溜まり場に案内させ、ソ連の対日工作を調査しようとしていたのではなかろうか。

この推測が正しいのであれば、総領事を非常に危険な目に遭わせながらも、なんら叱責や懲罰の対象にならなかったことも頷《うなず》ける。さらに、従来大橋に関して指摘されてこなかった側面が明らかになり、結果的に大橋が杉原を重用した理由の一端も浮かび上がってくるように思われる。

言い換えれば、大橋こそインテリジェンスの重要性、それに携わる部下の苦労をよく理解していた人物であったのではないかということだ。凡庸な総領事であれば、必要に応じて部下を日本共産党員の巣窟に潜入させることはあっても、自ら一緒に潜入するような危険は冒さない。

このような行動は、軽率の誹《そし》りを免れないが、部下にだけ危険を冒させるような真《ま》似《ね》はしないという側面は、「人情味に富み、理屈よりは人情や義理に動かされるところが多かった」という、森島の大橋評を裏付ける材料だ。まさに「霞ヶ関には稀な」外交官としての面目躍如というところであろう。

インテリジェンス・オフィサーの立場から考えれば、自ら一緒に危険を冒す大橋のような人物に対して、親近感を感じたとしても無理のないことであろう。インテリジェンス・オフィサーの命は、自分の入手した情報の重要性が理解されるという一点にあるのだから。

第二章　満洲国外交部と北満鉄道譲渡交渉

失われたシナリオ

一九二〇年代から三〇年代にかけて、ソ連外交をリードした人物にマキシム・リトヴィノフがいる。戦前期のソ連では、他の国で大臣にあたる役職を「人民委員」と呼んでいた。外務大臣に相当する役職が外務人民委員、外務次官にあたる地位が外務人民委員代理だった。

リトヴィノフは、一九二一年に外務人民委員代理、一九三〇年には外務人民委員となり、ヨーロッパ諸国との協調路線を打ち出し、一九三四年の国際連盟加盟などを成し遂げた。そのリトヴィノフが当時の日ソ関係について、後年次のように語った。曰《いわ》く、国交回復（一九二五年）から満洲事変勃発《ぼっぱつ》（一九三一年）までは日ソ間に最も友好的な関係が存在した。紛争も深刻な誤解もなく、議論が生じても、平和裡《り》に外交的手段によって解決された。日ソいずれの側からも脅威が語られることはなかった。

ところが、満洲事変が起こると、それまで友好的だった日ソ関係が一転した――。

本来満洲事変は日中間の紛争であり、なぜそれによって日ソ関係が著しく変化したのかと疑問を覚えるかもしれない。しかし、リトヴィノフの言葉を裏付けるように、杉原の外交官生活にも大きな影響が出てくる。

話は日露戦争終了のわずか二年後、日本とロシアの間に日露協約が結ばれた時点に遡《さかのぼ》る。日露協約には、公表された部分以外に秘密条項が存在し、満洲における両国の勢力圏が定められた。中国に何ら断りもせず、満洲の北側は東清鉄道を中核としてロシアの勢力圏、南側は南満洲鉄道を中心に日本の勢力圏と定めたのであった。この取り決めは、日ソ国交回復後も両国間における暗黙の了解として存在し続けた。

この東清鉄道の呼称が、時期によってたびたび変更された。東支鉄道、中東鉄道、北満鉄道など様々な表記が用いられたのだが、満洲事変期には中東鉄道と表記されていた。一九三三年六月一日に北満鉄道に変更され、杉原がこの鉄道に関する日ソ交渉に深く関与したこともあるので、以後本書においては混乱を避けるため北満鉄道で統一したい。

満洲事変は、日本の利権である南満洲鉄道が中国側によって破壊されたという口実のもと、関東軍が中国軍に攻撃をしかけたことによって勃発した。しかし、実際には関東軍の自作自演であったことは今日明らかである。この関東軍の暴挙を、陸軍中央部も基本的には容認していたが、ソ連の勢力圏と見なされる北満洲への侵出は固く禁止していた。

ソ連の満洲事変への対応は、「巻き込まれたくない」というのが基本姿勢であった。当時の国際社会において、ソ連はまだまだ「異端者」であった。多くの国が日本の侵略を非難している状況下でも、ソ連がそれに同調した途端に、各国が掌《てのひら》を返して日本と和解し、ソ連を攻撃し始めるのではないかとの危惧《きぐ》を払拭《ふっしょく》できなかった。それほどソ連の国際的地位は不安定であり、満洲事変にも慎重に対処せざるを得なかったのであった。

満洲事変勃発当時の、南次郎陸軍大臣および金谷《かなや》範三《はんぞう》参謀総長を頂点とする陸軍中央部、若槻《わかつき》礼次郎総理大臣や幣原喜重郎外務大臣ら政府首脳、いずれも対ソ戦に発展する危険性がある北満洲への出兵に反対という点で一致していた。つまり、陸軍を含む日本側とソ連側の利害関係は奇妙なほど一致していたのであった。

南、金谷ともに、陸軍に隠然たる力を有した宇垣《うがき》一成《かずしげ》朝鮮総督の影響下にあった。宇垣は、かねてより若槻を総裁とした当時の与党、民政党と親しかった。民政党は、その前身を憲政会と言い、政友会と並び二大政党の一翼をなしていた。宇垣は、憲政会ないしは民政党を首班とした内閣でたびたび陸軍大臣を務めた。ここに宇垣を頂点とする陸軍主流派と与党・民政党の間に、関東軍による北満進出を抑制する方向で協力関係が成立したのであった。

当時民政党は、衆議院の過半数を優に制していたので、その民政党と陸軍主流派の協力の前には関東軍もたびたび煮え湯を飲まされたほどであった。仮に、民政党と陸軍宇垣派の協力関係が長続きしていれば、満洲事変は早期解決した可能性が高い。満洲国の独立には至らず、国際連盟の容認も得られた形で事態が収束したのではなかろうか。

これは筆者一人の見解ではなく、日本近現代政治史研究の大家である坂野《ばんの》潤治東京大学名誉教授も指摘している一つの「失われたシナリオ」である。

宇垣派と民政党の協力で政局は安定するかに思えた。しかし、民政党内部にはこの非常事態に野党政友会との連立を画策する安達《あだち》謙蔵内務大臣の一派が存在した。彼らは、民政党による単独内閣を主張する若槻ら主流派と激しく対立し、閣内不統一に陥り、一九三一年一二月一一日、若槻内閣は総辞職した。同一三日、政友会の犬養毅《いぬかいつよし》を首班とする内閣が成立した。「憲政の常道」としては、当然の流れであったが、陸軍大臣には陸軍強硬派を代表する荒木貞夫《さだお》が就任した。

荒木は、陸軍内では、宇垣を中心とする一派と対立していたので、関東軍はいましめを解かれることとなり、たちまち満洲事変は北満洲にまで飛び火することとなった。杉原が住むハルビンが占領されたのは、翌年二月五日のことであった。

日ソ関係の一大転換点

若槻から犬養への交代は、ソ連にとって、もはや「巻き込まれたくない」ではすまなくなったことを意味した。そのため、一九三一年の末から翌年にかけて何度も「対日不信」の裏返しとして、日ソ不可侵条約締結が提案された。この問題は、当時の日ソ関係を語る上で非常に重要な問題なので、のちほど詳しく述べることにしたい。

満洲事変が北満洲に拡大し、日ソ間に緊張が走ると、杉原の職務にも影響が及んだ。例えば、国際連盟の依頼により現地調査に訪れたイギリスのリットン卿《きょう》をリーダーとするいわゆるリットン調査団の報告書に対する反駁文《はんばくぶん》を、フランス語で起案することを命ぜられたのもその一つだ。ロシア人は、英語よりフランス語を好む傾向があるので、杉原は白系露人との交流のためにもフランス語を学んだのではないかと想像される。この時期には、国の命運を賭《か》けた重要書類を任されるほどフランス語にも通じていたのだ。

だが、そもそも杉原は、満洲事変に否定的だった。その点に関する興味深いエピソードが、北満鉄道東部線による関東軍輸送問題であった。「杉原通訳官ノ対白系露人接触事情」に百武晴吉《ひやくたけはるよし》ハルビン特務機関長と土肥原《どいはら》賢二奉天特務機関長が、北満鉄道当局を相手に交渉したさい、杉原が通訳を務めたことが記されている。注目すべきことに、日本側の態度について、わざわざ「恫喝的《どうかつ》」であったとの言葉が添えられている。

他の外務省史料によると、関東軍によるハルビン占領後、敗残兵が北満鉄道東部線地区に逃れ、一面坡《イーメンパ》では邦人に対する略奪などが横行し治安を保つことが困難な状況となった。関東軍の命令により百武機関長は、一九三二年二月二一日、東部線沿線地区在住の邦人に対する現地保護が必要になった場合、東部線を利用して関東軍を輸送することを認めるよう北満鉄道当局に対して要請した。

この申し入れに対して北満鉄道ソ連当局は、早速モスクワに伝えることを約束し、ソ連政府の承認を得られれば輸送に応じると回答した。しかし、その後モスクワからの回答が来ないとして、東部線による輸送を認めようとしなかったため、二四日には百武機関長が、二五日には土肥原機関長が交渉にあたったが、了解を得るには至らなかった。

そこで、広田弘毅《こうき》（後に、外務大臣、総理大臣。戦後A級戦犯に問われ、文官で唯一《ゆいいつ》死刑宣告を受ける）駐ソ連大使がカラハン外務人民委員代理と交渉した（当時リトヴィノフはジュネーヴに出張中）。二月二七日の深夜、臨時的な例外措置として北満鉄道東部線による関東軍の輸送を認めるとの回答を得ることに成功したのであった。

そのさいにソ連側は、ポーツマス条約とそれを引き継いだ日ソ基本条約の規定に、この輸送が抵触するのではないかとの疑いを表明した。ポーツマス条約第七条には、日本およびロシアは、満洲における鉄道を商工業の目的に限り経営することとし、軍事目的による利用を禁止していたのであった。

これに対して広田は、この輸送が日本人居留民の生命財産の保護を目的とした自衛的行為であり、軍事目的によるものではないと反論した。また、軍隊輸送に当たっては運賃を支払うので、北満鉄道の営業範囲内の行為であるとも付言した。

硬骨漢・杉原の視線

従来、先の一件は、ハルビンでの交渉では埒《らち》が明かず、広田大使の機転が功を奏してソ連側の妥協を得たと解釈するのが一般的であった。しかし、杉原の目には百武や土肥原の交渉ぶりが「恫喝的」なものと映ったのであった。この一言は注目に値する。「杉原通訳官ノ対白系露人接触事情」がまとめられたのは一九三七年の三月一五日前後と考えられる。この時期の状況を少し確認してみよう。

前年、一九三六年には、日本史上最大規模のクーデター、二・二六事件が発生した。クーデターそのものは失敗に終わったが、同時代人や歴史家が指摘するように、こののち、テロに対する恐怖から多数の自由主義者、国際協調主義者などが口を閉ざさざるを得ない状況に追い込まれた。事件後成立した広田弘毅内閣のもとでは、大規模な軍事予算拡大が実施されることになり、驚くべきことに軍事予算として国家予算の半分を優に超え、およそ七〇パーセントをあてることが認められたのであった。

軍部が内閣の死命を制することが出来る軍部大臣現役武官制が復活したのも広田内閣の時期であった。軍部大臣現役武官制とは、陸軍大臣および海軍大臣を現役の大将ないしは中将に限定するという制度であり、シビリアン・コントロールの全く逆である。

現役武官の人事は天皇に直属し、内閣が関与できないため、仮に首相の指名を受けても軍部が大臣を出すことを拒否すれば、内閣は流産の憂《う》き目《め》を見ることになる。もう一つ、軍部が内閣の方針と対立した場合、大臣を辞職させ、後任を出さないことによってたやすく倒閣に持ち込むことも可能となるのだ。

一九一三年、「憲政擁護、閥族打破」をスローガンに盛り上がった第一次護憲運動の後に成立した第一次山本権兵衛《ごんべえ》内閣のもとで、多くの改革が断行されたさいに、軍部大臣現役武官制も廃止された。しかし、広田内閣の時には、「二・二六事件に関与した嫌疑によって予備役に編入された将軍たちが大臣になることを防ぐ」という口実のもと、軍部は同制度を復活させることに成功したのだった。これにより軍部大臣のもとで、統一的な人事が可能となり、軍部の結束が増したのであった。

一九三七年一月、陸軍と政党の対立がきっかけで広田内閣が総辞職すると、首相に指名されたのは前述の宇垣一成であった。陸軍出身の宇垣であれば、陸軍を統率できると期待されての指名であった。ところが、陸軍は、復活に成功した軍部大臣現役武官制をさっそく悪用し、宇垣内閣に陸軍大臣を出すことを拒絶し、内閣を流産に追い込んだのであった。

代わって首相に選ばれたのは、陸軍大将・林銑十郎《せんじゅうろう》であった。彼は満洲事変のときの朝鮮軍司令官で、本国からの命令を待たず、独断で朝鮮軍を満洲に派遣したことで「越境将軍」の異名をとった人物だ。この林内閣を満洲事変の首謀者・石原莞爾《かんじ》は

「林将軍ならば自由自在にすることができる」と言って歓迎したのだが、組閣段階で林は石原に連なる人物の入閣を拒絶した。林内閣は二月二日に成立した。

このように日々軍部の力が高まる時期に、外務省の内部文書とは言え、陸軍の行動を「恫喝的」との強い表現を用いて批判した杉原という男はかなりの硬骨漢であったと言えよう。彼が後年残したメモには、陸軍軍人のことを「浅慮、無責任、がむしゃらの職業軍人集団」と、手厳しく批判した表現が見られる。彼の時代を見透すリベラルな目は、既にこの時代から存在したのだった。

満洲国外交部への移籍を望まれて

一九三二年三月一日、満洲国の建国宣言書が発表された。

満洲事変の勃発からわずか半年、建国を強行するプロセスにおいて、いたるところで無理が生じた。外務省にあたる外交部には、施設も設備もなく、ただ満洲事変勃発直後から日本軍に協力し、吉林《きつりん》交渉署長などを務めた謝介石が総長に就任し、次長には駐ハルビン日本総領事から転じた大橋が任ぜられただけであった。そのため大橋には外交部の組織作りという厄介な役割が待っていた。

その時、大橋がわざわざ満洲国外交部への移籍を日本外務省に懇請したうちの一人が杉原であった。以後杉原は、一九三五年までのおよそ三年間にわたり満洲国外交部に勤務することになる。大橋が杉原を選び、杉原も大橋について行くことを決意した原因は何だったのか。ここでもう一度考えてみたい。

先述のように、満洲事変が北満洲に及ぶと、ソ連側は、「対日不信」の裏返しとして日ソ不可侵条約の提案を繰り返し行った。それは、一九三一年末に犬養毅内閣の外務大臣就任のため芳沢謙吉《よしざわ》駐フランス大使が帰国途上ソ連に立ち寄ったさいに、リトヴィノフ外務人民委員から提案されたことに始まった。そして、翌三二年には公的・私的ルートを問わず十数回もの提案がなされた。

この問題に対する大橋の立ち位置が興味深い。森島守人によると、大橋は満洲国の健全な発展のためにも即時無条件に締結すべしという意見であった。上京した大橋は、森島が呆《あき》れるほどの熱心さで各方面に持論を説いたという。

大橋は、後に松岡洋右《ようすけ》外務大臣の下で外務次官を務め、戦後、次官時代の出来事を中心に『太平洋戦争由来記——松岡外交の真相』という回想録をまとめた。その序文にはいきなり、日本外交の最大の失敗は、満洲事変、そして満洲国を建国したことにあると記していて、自省の欠如に甚だ驚かされる。しかし注目すべきは、もう一つの失敗として、一九三二年当時にソ連からの不可侵条約の提案を日本側が謝絶し続けたことを挙げている点だ。同書の刊行が一九五二年であるので、彼は二〇年にもわたってこのことを悔やみ続けていたことになる。

この日ソ不可侵条約の問題こそ、大橋が単なる関東軍や軍部の同調者ではなかったことを窺《うかが》わせる重要なポイントではなかろうか。

当時の外交責任者たちによるソ連からの不可侵条約提案への対応ぶりを、いくつか紹介しておこう。

犬養毅内閣の芳沢謙吉外務大臣は、戦後外務省関係者によって行われた座談会の席上で次のように述べた。一九三二年の段階では、陸軍の力が強く、個人としてはソ連との不可侵条約は一考に値すると思いながらも、荒木貞夫陸軍大臣の猛反対を受けて挫折《ざせつ》した。荒木は「そのような女郎の起請文《きしようもん》のようなものは信頼できない」と、いささか品位を欠く言葉で猛反対したそうだ。

荒木の剣幕に押された芳沢は、しばらく本件を棚上げにし、時機を見て再検討しようと考えていた。しかし、五・一五事件で犬養総理大臣が暗殺され、内閣は総辞職、芳沢も外務大臣を退いたので再検討する機会はめぐってこなかったというのだ。

五・一五事件によって政党内閣の時代は終わり、海軍出身の斎藤実《まこと》を首班とする挙国一致内閣が成立した。同内閣の外務大臣には、原敬《たかし》内閣など四つの内閣で外務大臣を務めたベテラン外交官、内田康哉が就任した。

内田も就任当初は、日ソ不可侵条約締結に乗り気であるところを示した。当時元老として首相選定に絶大な権力を有していた西園寺《さいおんじ》公望《きんもち》を訪れたさいに、ソ連と不可侵条約を結びたい旨《むね》を伝えた。しかし、内田は満洲事変勃発当時の南満洲鉄道総裁として関東軍の意見を中央に伝えるだけの「陸軍の走狗《そうく》」となり果てていた。そのため陸軍内に日ソ不可侵条約への反対論が強いと知ると、一転して陸軍が反対するので無理だと言い出し、西園寺を落胆させた。

内田外務大臣のもと、一九三二年一二月一三日、日本政府は正式にソ連に対して不可侵条約を謝絶したのであった。

もう一人、駐ソ連大使を務め、翌一九三三年に内田の辞任後外務大臣に就任した広田弘毅の場合はどうか。その前年ソ連から帰朝したさい、朝日新聞の取材に対して日ソ不可侵条約賛成ともとれる発言をし、また森島も「諸懸案を解決した上で」という条件付きながら広田を賛成論者と分類している。しかし、ソ連側の記録を用いたクタコフの先駆的研究によると、広田は不可侵条約の話題が出ると、日ソ間の問題はポーツマス条約により全《すべ》て解決済みであるとして、その交渉に消極的であったという。

広田が不可侵条約に消極的であったことは、本件の交渉にあたってソ連側が様々なルートを用いてアプローチしたことも有力な傍証である。駐ソ大使を通じるルートこそ本来一番有効なルートであり、広田が積極的姿勢を示していれば、他のルートを模索する必要はなかったと考えられるからだ。

このように、外務省関係者の間で日ソ不可侵条約に否定的な人物が多かった中、大橋の積極論はやはり異例に属する。ちなみに森島は、いきなり日ソ間に締結するのは難しいので、満洲国とソ連の間で取りあえず不可侵条約を結び、段階的に日本も加わっていく方法を考え、内田外務大臣当時の有田八郎次官や谷正之《まさゆき》亜細亜《アジア》局長の賛同を得た。しかし、大橋に打診すると、彼は自説を固持して譲らなかったという。

この森島の回想だけを見ると、大橋はいかにも頑迷な人物のように映るが、この日ソ不可侵条約問題に関する森島の記述は、一九三二年の一一月頃、両者が帰国していた時期の見聞に基づいていることを見落としてはならない。その後満洲国に戻った大橋が、一二月一二日に有田次官に対し、対ソ関係改善のために満洲国とソ連の間に不可侵条約を結ぶことを意見具申した電報が残っている。

この後、大橋・杉原コンビは北満鉄道譲渡交渉で活躍するが、陸軍の一部には「あのような鉄道はいずれ放っておいても日本のものになるのだから、何も金を払う必要はない」という意見も根強くあった。そのような中、大橋はソ連の実力を評価し、武力ではなく、外交的手段によって懸案を解決すべきだとの信念を持っていた。そのような大橋は、杉原にとって信頼すべき上司だったのであろう。

一見理解に苦しむ杉原の満洲国移籍、そして大橋との信頼関係は、インテリジェンスの本質を理解する者同士であったことに加え、対ソ外交に関する根本的部分での共感に支えられていたのだろう。

北満鉄道譲渡交渉での快挙

北満鉄道譲渡交渉こそ、インテリジェンス・オフィサー杉原千畝の名声を一躍高めた重大交渉であった。

この鉄道は、基本的に清国・中国とロシア・ソ連が共同経営し、満洲の地を東西および南北に走る大動脈であった。ロシアがソ連に変わり、満洲の地に満洲国建国を見ることになったので、鉄道は満洲国とソ連の共同経営に移行した。しかし、満洲国は列国が未承認であり、ソ連も当然承認していなかったので、国交がない国同士による共同経営にはいささか無理があった。

そこに目をつけたのが、広田駐ソ連大使であった。先の関東軍による東部線利用問題に関する交渉が何とか解決すると、カラハン外務人民委員代理に、地方的な小問題を解決していくのもよいが、もっと大きな問題を解決して日ソ関係改善の実績を示してはどうかともちかけた。カラハンも趣旨には同意し、何か具体策はあるかと尋ねたので、すかさず北満鉄道の譲渡を持ち出したのだ。

ソ連側は、この提案に前向きな姿勢を示した。その直後に広田は帰朝することになったが、漁業問題でも困難な交渉をまとめ、北満鉄道譲渡の発端を作った上での帰国であったので、当時の新聞は広田の帰国を好意的に報じた。広田が「諸懸案を解決した上で」不可侵条約の締結をと発言したのは、まさにこの時期であった。広田がいうところの「諸懸案」の一つが北満鉄道譲渡問題であったことは言うまでもない。

広田が交渉の下地を作ったにもかかわらず、関東軍を中心に北満鉄道に謀略をしかけ、鉄道そのものの価値を下げようとの工作が行われていた。満ソ国境におけるソ連側車輌《しやりよう》の乗り入れを制限し、ソ連側職員に対して圧迫などを繰り返したので、正式交渉の開始は遅れ続けた。

このような状況を憂慮したのは、広田の後任として駐ソ大使に就任した大田為吉《ためきち》であった。現在残っている外務省記録を確認すると、大田大使の任期中は満洲事変以降悪化していた日ソ関係を改善しようという動きが双方から見てとれる。この歩み寄りは、大田大使の誠実な人柄に負うところが大きかった。

一九三三年五月、ソ連側より大田大使を通じて北満鉄道譲渡に関する正式提案がなされた。日本側は、鉄道の買収は満洲国が行い、日本側がそれを仲介するという方針を決めた。満洲国側の代表団は、丁士源駐日公使と大橋外交部次長が中心となり、随員には杉原も加わった。また、ソ連側はユレネフ駐日大使とカズロフスキー極東部長が中心であった。

タフ・ネゴシエーター

第一回正式会合は、六月二六日に日本の外務次官官邸で開催されたが、この時は日本の内田康哉外務大臣、ソ連のユレネフ駐日大使、満洲国の丁士源駐日公使がそれぞれ挨拶《あいさつ》し、儀礼的なものに終わった。

第二回正式会合は、六月二八日に行われ、満ソ両国の全権団書記長が発表されたのみで、満洲国側から選出されたのは杉原千畝であった。ちなみにソ連側のカウンターパートは、ヂェレズニャコフ駐日大使館一等書記官であった。

当時大橋の後任として駐ハルビン総領事を務めていた森島守人によると、ソ連側で北満鉄道問題に関する豊富な知識と経験があり、この交渉における中心的役割を果たした人物は、スラヴスキー駐ハルビン総領事だった。当時、三六、七歳であったというので、三三歳の杉原には好敵手だったようだ。

杉原の件《くだん》の調書には、不思議なことにこの北満鉄道譲渡交渉については全く記載がない。ただ、満ソ関係の大小無数の問題に関与し、スラヴスキー駐ハルビン総領事との折衝の矢面にたったが、多くの場合スラヴスキーに満足を与えることはなかったとのみ記してある。ソ連側の実質的中心人物に対して一歩も引かなかったことを暗示し、杉原のタフ・ネゴシエーターぶりの一端が窺われる。

七月三日の第三回正式会合では、双方の希望価格提示という最初のハイライトを迎えた。ソ連側は六億二五〇〇万円を要求してきたが、これに対し満洲国側が提示した金額はわずかに五〇〇〇万円。単純計算して一二・五対一という極端な開きが存在したのであった。

ここで、杉原の出番が回ってくる。八月四日、第六回正式会合において杉原がソ連側の要求に対する反駁声明を行ったのだ。ソ連側による計算の基準に対し基本的な諸点について疑義を示し、満洲国内に鉄道網が整備されつつある現状において、北満鉄道の経済価値が下がっていることを指摘した上で、鉄道施設が老朽化している実態までも明らかにした。

ただし、北満鉄道の価値低下については、関東軍が線路の破壊、列車の転覆などを起こし、それらをソ連側の行為として喧伝《けんでん》したという側面にも触れておかねば公平を欠く。関東軍のやり口は満洲事変のさいと同様に謀略性の高いものであった。

さらに九月には、治安攪乱《かくらん》の嫌疑で北満鉄道ソ連側職員六名が満洲国に逮捕・拘禁される事件も起こり、交渉は暗礁《あんしょう》に乗り上げた。

これに対してソ連側も黙っていなかった。一〇月上旬、北満鉄道の譲渡価格を引き下げるための陰謀に関する駐満洲国日本大使ないしは駐ハルビン日本総領事から本国宛《あて》の電報五本を公表し、世界に向けて日本の謀略工作の実態を明らかにした。

ソ連側職員の逮捕にあたり、満洲国大使館員をはじめとした外務省関係者、特務機関を中心とする日本陸軍関係者など多数の日本人が関与したことがこれら電報に明記されていた。また、拘禁されたソ連側の職員の代わりに満洲国人が要職に据えられたことに対して、日満両国による北満鉄道奪取計画の一環であるとソ連紙が書きたてた。

この逮捕・拘禁事件の背後には、東京における譲渡交渉を有利に導くため、北満鉄道側に圧力をかけるようにとの大橋からの要望があったことも、暴露された電報に記されていた。まさに身も蓋《ふた》もないという表現がぴったりだ。

この事件は当時「怪文書事件」と呼ばれた。広田外務大臣も、翌年の衆議院における関連質問に対して、これは怪文書の類《たぐい》であり、内容的に荒唐無稽《こうとうむけい》であると明言した。しかし、陸軍省新聞班長の鈴木貞一《ていいち》中佐は、元老西園寺公望の秘書原田熊雄《くまお》に、日本側の電報を完全にソ連に盗まれてしまったことを白状した。日本側としては、事実無根の「怪文書」が発表されたとして、憤慨した風を装《よそお》わざるを得なかったのであった。

どのようにしてソ連側は日本側の電報を奪取したのだろうか。傍受・解読したのか、それとも盗撮か。早速外務省の佐久間信《さくましん》電信課長を中心に調査が進められたが、当時の外務省が用いていた暗号は、海軍の協力により非常に高度であった。しかも、この事件発生のおよそ二年前に使い始めたばかりであったため、解読するに十分なだけのサンプルを揃《そろ》えられないはずなので、科学的に解読することは不可能という結論に落ち着いた。

このとき暗号が解読されている危険を最初から排除したことは、その後の日本の歴史を考えるとき、悪い先例を作ってしまったのではなかろうか。第二次世界大戦前後の諜報戦《ちょうほうせん》に日本が敗北した遠因がこの問題にも隠れているように思えてならない。

何と五分の一で決着

ソ連による日本側電報暴露事件もあって、北満鉄道譲渡交渉はこの後約半年中断する。翌年二月二六日、交渉再開にあたってユレネフ大使が提示した金額は二億円に引き下げられていた。六億二五〇〇万円からすれば一気に三分の一以下だ。この突然の引き下げについて杉原の関与があったことは明白である。

杉原による情報収集の実態については、この時期ハルビン学院の学生であり、杉原と親交のあった笠井《かさい》唯計《ただかず》の証言が残っている。笠井によると杉原は「ソ連がどれだけの貨車を持ち出したとか、北満鉄道の内部のあらゆることを自分の課報網を使って調べ上げてしまった」という。ここでいう課報網が白系露人を中心としたネットワークであったことは当然である。

杉原に実態をつかまれ、ソ連側は二億円まで妥協してきたのだが、この段階で日本側の主張は一億円だった。その後は、双方少しずつ歩み寄り、陸軍側も、柳川平助《やながわへいすけ》陸軍次官が「縁日商売でもなかろうし」何度も譲歩しあうのもみっともないと言って、外務省側に一任してきた。そこで、広田外務大臣が一億四〇〇〇万円という数字を出し、妥協に至ったのであった。

一九三五年三月二三日、北満鉄道譲渡をめぐる取り決めは、東京の外務大臣官邸において満洲、日本、ソ連の間で決着をみた。日本側は、広田外務大臣、重光葵《しげみつまもる》次官など、ソ連側はユレネフ大使、カズロフスキー極東部長など、そして満洲国側からは大橋次長とともに杉原も列席した。

後に大橋は、ソ連の外交交渉のスタイルについて、相手方が絶望すら感じるほどのブラフ（脅し）を平気で仕掛ける半面、譲歩も思い切ってすると評価した。そして、原則論に固執して一歩も譲らないアメリカよりソ連の方が交渉し易《やす》いと記している。

これは、一九四一年段階の日ソ中立条約締結交渉を念頭においた評価であるが、北満鉄道譲渡交渉のときのソ連の豹変《ひょうへん》ぶりが大橋の記憶には色濃く残っていたのではないかと思われる。

杉原に帰国を決意させたもの

北満鉄道譲渡協定締結から約三カ月後の七月一日、杉原は満洲国外交部を辞職し、日本外務省に戻ってしまった。

杉原が大橋満洲国外交部次長の要請により満洲国外交部に移籍したさいに、本人が「満洲国」外交部を辞めることを望めば、日本外務省への復帰を認めるという条件が付されていた。しかし、周囲の期待を遥《はる》かに上回る大成功を収めた直後であるだけに、この突然の辞職は「意外」の感を否《いな》めない。

帰国後に知り合い、結婚した幸子夫人には、辞職の理由を次のように語っている。曰く、満洲国において日本人が中国人に対してひどい扱いをし、同じ人間と見なしていないことに我慢が出来なかった——。

ヒューマニストとしての杉原の一面がよく出ている発言ではあるが、三五歳にもなる男が退職という一大事を決めるに至った理由としては、あまりにも単純すぎるのではないか。

退職の背景には、妻にも語ることが出来なかった事情が少なくとも三つあったようだ。

最も重要な理由は、陸軍の「使い走り」になることを強要されたことだろう。陸軍の橋本欣五郎《きんごろう》大佐から多額の報酬と引き換えに陸軍のスパイになれという申し入れがあったことを、ハルビン時代に杉原と親交があった志村儀亥知《ぎいち》が明らかにした。また杉原自身も「杉原へは多額の工作費提案あり、一切拒否した」とのメモを遺《のこ》している。

橋本欣五郎とはどのような人物であったか、説明が必要であろう。曲者《くせもの》揃いの昭和期陸軍軍人の中でも、様々な陰謀に加わった人物であり、陸軍きっての「暴れん坊」の一人であった。満洲事変当時は、参謀本部ロシア班長（中佐）として満洲事変拡大に向けて暗躍した。また、当時の政党内閣を倒して陸軍の強硬派を中心とした内閣を樹立しようとしたクーデター計画である三月事件や十月事件にも中心的な役割を果たした、いわくつきの人物であった。

これら一連の反乱計画は未遂に終わったが、本質的には陸軍上層部の一定の「理解」を得た動きであり、橋本の「行き過ぎ」に対しては、若干の処罰がなされただけであった。そのため、早くも一九三四年には野戦重砲兵第二連隊長に就任し、大佐に昇進した。

なぜ橋本は杉原と彼の諜報網を利用したいと考えたのであろうか。

当時の陸軍にとって最大の仮想敵国はソ連であった。対ソ関係は、北満鉄道譲渡交渉が解決したことによって改善するほど単純な問題ではなかった。譲渡交渉中にもたびたび満洲国とソ連の間に国境紛争が起こっていたが、交渉成立後に減少するどころかむしろ頻繁かつ深刻化していた。それゆえに、譲渡交渉終了後も、杉原チームのような優秀な諜報組織を解散させるのはもったいない、引き続き活用したいという判断があったと見られる。しかし、自分に協力してくれた人々を危険な目に遭わせることはできない。杉原には満洲国外交部を辞める以外に残された道はなかったのである。

第二の理由として、彼の妻クラウディアの問題があった。杉原と同郷のよしみもあって親しい関係にあった前出の笠井唯計に語ったところによると、白系露人の妻を通じて、満洲国側の情報を杉原がソ連側へ流していると憲兵隊が疑ったというのだ。

言い換えれば「二重スパイの嫌疑」をかけられたということになるが、有能なインテリジェンス・オフィサーが時として陥る「落とし穴」に杉原も搦《から》め捕られそうになったわけだ。激しい諜報戦が繰り広げられる中、何か情報が漏れると真っ先に疑われるのは、諜報活動に携わる者だ。まして白系露人を妻に持つ杉原に嫌疑がかかったのも無理はない。そこには、譲渡交渉における目覚ましい活躍に対する周囲の嫉妬《しっと》も加わっていたのではないか。

結局、杉原は一九三五年一二月三〇日にクラウディアと協議離婚しているが、実質的には満洲国を離れ帰国した時には既に離婚状態にあった。

第三の理由として、近年、中見立夫《たつお》・東京外国語大学教授の調査で明らかになったことだが、ちょうど杉原が満洲国外交部を辞した頃、満洲国外交部にも内地から送られてきた高等文官試験合格者が増加したことが挙げられる。

満洲国成立当時の外交部の人材は、大橋によって急遽掻《きゆうきよか》き集められた。その様子を森島は「昔の田舎芝居の初日と同様、早いもの勝ちに思い思いの地位を占めた」と揶揄《やゆ》したが、三〇代の杉原がロシア課長に相当する要職に抜擢《ばってき》されたように、日本国内では考えられないような人事が可能であった。

ところが、そのような時代は一九三五年の五～七月頃までで、それ以降日本国内から派遣された人材が中核を担《にな》うようになった。これはまさに杉原が満洲国外交部を辞めた時期と重なる。すなわち、仮に満洲国外交部に残ったとしても、彼の前途は必ずしも明るくはなかったのである。

これら三つの事情が重なり、彼は外務省留学生となってから一五年以上も過ごした満洲の地に別れを告げて、単身日本に戻ったのであった。

謀略はインテリジェンスに非《あら》ず

ここで、謀略とインテリジェンス活動の違いにつき改めて考えてみたい。

前述のとおりハルビン総領事館および満洲国外交部在籍中に、杉原は、さまざまなインテリジェンス活動に携わった。中には、合法と非合法の境目付近に位置するものもあり、また危険な任務にも随分かかわっていた。しかし、杉原のインテリジェンス活動の本質は、北満鉄道の譲渡交渉で、白系露人たちと協力して重要情報を集め、それによってソ連側を圧倒したことで示したように、人間同士の深い信頼関係に基礎を置いていた。

インテリジェンス活動、特に良質なインテリジェンス活動ほど、「信義」が必要となると喝破したのは、作家の佐々木譲氏である。それに対して、謀略は信義など必要としない。必要となるのは、金銭などの具体的な「見返り」である。

満洲事変は、まさに謀略の産物であった。満洲における軍事行動、そして、国内においては十月事件といった軍事クーデター計画が発覚し、政財界を恐怖に陥《おとしい》れ、軍部の意見に異を唱えることが難しくなったのであった。暴力や恐怖で未来を自分たちの都合の良い方向にねじ曲げる活動、それが謀略である。

それに対しインテリジェンス活動の場合には、先方との信頼関係にもとづき、情報を「ギブ・アンド・テーク」で手に入れるのが常道であり、強引に情報を奪うようなことをすれば、結局信頼を損ない、その後の活動が困難となる。特に、杉原の場合にはその段階で何ら見返りなどを提供できなくても、紡《つむ》いできた信頼関係から情報提供を受ける機会もあったのではないかと佐々木氏は推測する。

人間関係を通じて情報をやりとりするインテリジェンス活動を「ヒューミント」と呼ぶが、外交官の場合には、主として、赴任国の外務省、あるいは同国に在勤している第三国の外交官などとの間で情報交換を行うケースが多い。カウンターパートと呼ばれる交渉相手との間で情報をやりとりし、自分の求める情報を入手していくのである。これは陸海軍の武官も用いるオーソドックスな方法である。

後述する日本外務省を代表するインテリジェンス・オフィサー杉村陽太郎の場合、若い頃から国際連盟で活躍したため、その間に築き上げた信頼関係が後年情報入手に役立った。その意味では、杉村も杉原も信頼関係を大切にした点は共通する。しかし、杉原の場合は、外交官同士で情報交換をしていた痕跡《こんせき》がほとんど見当たらない。むしろ、彼が情報面で協力した相手は、満洲における白系露人たちであり、リトアニアなどにおけるポーランド人、ユダヤ人たちであった。

彼らに共通するのは、政治的に立場が弱いということである。そして、白系露人の場合にはソ連に、ポーランド人の場合にはドイツやソ連に、それぞれ強い敵意を抱き、一泡吹かせたいという強い意志を持っていた。杉原は、彼らとの間に「共闘」的な関係を築くことに成功したのだ。この場合、外交官同士で行われるギブ・アンド・テーク的な情報交換に比べ、関係構築がより困難であることは容易に推察できる。

白系露人も、ポーランド人やユダヤ人も、彼らを守ってくれる政治主体が存在しない状況に追い込まれていた。そのような人々が安易に第三者を信用しないのは当然である。それにもかかわらず、彼らから絶大な信頼を受けた杉原。杉原インテリジェンスの奥義《おうぎ》は、政治的弱者たちから信頼を勝ち取り、彼らとの間に共闘関係を構築することにあったのである。

このようなインテリジェンス活動においては、信頼を壊すことは最も避けねばならない。それは、直ちに活動停止をもたらすほど致命的なミスになりかねないのである。協力者を一度でも裏切ったインテリジェンス・オフィサーは、もはやインテリジェンスの世界では生きていけないと言われるが、警戒心が強い彼ら政治的弱者に対しては、一層慎重に接触する必要があった。この人物ならば信用できる、絶対に裏切られることはないと思わせることが肝要なのだ。

そのための高い代償を杉原は払い続けた。この時期の満洲国外交部辞職、後述するソ連による入国拒絶やドイツ国内からの実質的追放などである。そのような代償を払ってでも、協力者の安全を守り続ける、それが杉原のインテリジェンス活動であった。そして、そのような杉原だからこそ、安心して協力しようとする者たちが現れたのである。

謀略渦巻く満洲の地を去ることは、杉原にとってはインテリジェンス・オフィサーとしての矜持《きょうじ》を守ることに他ならなかったのであろう。

第三章　ソ連入国拒否という謎《なぞ》

父として、夫として

杉原千畝という外交官の人生を振り返ると、霞ヶ関の本省勤務がほとんどないことに気づく。ハルビンで書記生に任ぜられ、その後一〇年以上もハルビンなど満洲で過ごしたことはこれまで書いてきたとおりだ。わずかに一九三五年から三七年までの約二年間、本省で勤務し、その後はまた在外勤務が続いた。インテリジェンス・オフィサー杉原にとってこの本省勤務の二年間は、比較的穏やかな日々であったと想像される。

日本外交史研究に大きな足跡を残した故栗原健《くりはらけん》博士は、一九三五年に外務省に入省した。筆者に語ったところによれば、その直後に本省の廊下で杉原を見かけたそうだ。その時の印象を「背が高い人だったけど、とても温厚そうで、理知的な顔立ちの人だった」と語っている。インテリジェンス・オフィサーの苛烈《かれつ》な勤務から一時解放された姿が彷彿《ほうふつ》としてくる。

栗原博士は、一九四一年早々に欧州出張に派遣され、シベリア鉄道経由で渡欧したが、反対側、すなわちヨーロッパからウラジボストークに向かう列車の中に多数のユダヤ系と思える避難民が乗っていることを不思議に思ったそうだ。後に、杉原によるヴィザ発給のことを知り、かつて外務省の廊下で見かけた人物と、シベリア鉄道で見かけた多数の怯《おび》えきった避難民の姿が一つの物語としてつながったと話す様子は、実に感慨深げであった。

「温厚そうな人物」と栗原博士の目に映った原因は、インテリジェンス関係の苛酷な任務から一時的に解放されたことだけではない。それ以上に私的な理由もあったはずだ。クラウディアと協議離婚した杉原の前に、友人の妹である菊池幸子《ゆきこ》という女性が現れたのだ。この後、人生をともにすることとなる幸子夫人との出会いであった。

幸子夫人の回想によると、初対面の時に杉原は、自分の名前「千畝」を書いて「この名前は何と読むかわかりますか?」と尋ね、幸子夫人は「チウネ」と言い当てたそうだ。杉原は大変喜び、好意を持つきっかけとなったが、幸子夫人の中に知性の閃《ひらめ》きを感じたのであろう。

二人は、主に銀座でデートを重ねた。現在と違い恋愛がなかなかオープンにはできなかった時代であったにもかかわらず、平然と外務省から近い銀座でデートする杉原の姿は省内でも話題になった。一〇代のうちから外国暮らしが続いた杉原が、日本社会の古い伝統などにこだわらないタイプであったことを窺《うかが》わせるエピソードである。

プロポーズした杉原に、幸子夫人はなぜ自分と結婚したいのか尋ねると、「あなたは外国へ連れて行っても恥ずかしくない人だ」との答えが返ってきた。

こうして、一三歳も年の離れた夫婦が誕生し、一九三六年九月二〇日には長男弘樹《ひろき》が生まれた。出産当時杉原は、日ソ漁業交渉の通訳のため極東ソ連領のペトロパヴロフスクへ長期出張していたが、自宅に帰って、玄関から入って来るなり、眠っていた我が息子を抱き上げ、「ほら、お前のパパだよ」と、家の中を歩き回って喜びを露《あら》わにしたという。

私生活だけではなく仕事の上でも杉原に大きな転機が訪れた。満洲国から帰国後、人事課、情報部第一課などに勤務した杉原だが、その年の暮れ一二月二六日には、二等通訳官として在ソ連日本大使館に勤務するよう命ぜられたのだ。得意なロシア語を活《い》かして外交の舞台で活躍するチャンスが巡ってきたのである。公私ともに幸福に包まれた年末年始を過ごしたことであろう。

国際慣例上先例なきこと

外務省は一二月二八日に、在日ソ連大使館を通じて杉原に入国ヴィザを発給するように求めた。しかし、その後ソ連側は年が明け、一月の後半になってもヴィザを発給しようとしなかった。一月二二日、本省から在ソ連日本大使館に電報を送り、ソ連外交部に督促することを命じた。ところが、二月六日に日本を発《た》つ予定であったにもかかわらず、二月に入っても入国ヴィザが発給されないので、二月二日再度外務省は在ソ連大使館に督促を命じた。日ソ外交史上類を見ない事件は、このようにして始まったのであった。

在ソ連大使館では、ソ連との漁業問題のエキスパートとして知られていた酒勾秀一《さこうしゆういち》参事官が中心となって交渉にあたった。当初酒勾は杉原の前夫人、クラウディアが白系露人であったことに対してソ連側が警戒したのではないかと思い、杉原とクラウディアが既に協議離婚済みであることを説明すれば容易に解決するものと楽観視していた。しかし、離婚問題について説明してもソ連側の態度は変わらなかった。

二月四日、長年にわたり漁業交渉における酒勾の交渉相手であったカズロフスキー第二東洋局長（一九三六年より）は、杉原に対しては関係官庁が反対するので、入国ヴィザの発給を見合わせることにしたと電話で冷たく告げたのであった。

酒匂は、公館の長、大使や公使などに対してヴィザ発給を拒否するという例はあるが、杉原のような館員個人に対するヴィザ発給拒否の前例はないと激しく抗議した。また、一館員に対して外交用語でいうところのペルソナ・ノン・グラータ、すなわち「好ましからざる人物」との烙印《らくいん》には無理があるとも主張した。

電話では埒《らち》があかないと判断した酒匂は、直接会って協議したいと申し入れた。しかし、カズロフスキーは、本件が関係官庁において慎重に協議した結果であり、杉原には「好ましからざる人物」と見なす理由が幾つも認められるので、外交当局としても手の施しようがない。ここに至っては、直接会って協議しても無駄であると言い放ち、電話を切ってしまった。

日本側は、このようなソ連の一方的な処置を「国際慣例上先例なきこと」として重視し、この後一月以上にわたって厳しい交渉が日ソ間に展開されたのであった。

問題は白系露人か

杉原には好ましからざる理由が幾つもあると主張しつつ、ソ連側は具体的に何が問題なのか全く明らかにしなかった。当然のことながら、酒勾参事官は納得できず、電話の翌日、面会を拒んだカズロフスキーを訪れ、直談判《じか》により善処を求めた。カズロフスキーは今回の決定が関係官庁との慎重な協議の結果であり、再考の余地はない旨《むね》を断言した。

このような報告を受けた外務省では、ソ連およびその周辺国を担当する欧亜局第一課（一九三四年、それまでの欧米局が欧亜局と亜米利加《アメリカ》局に分かれた）を中心として、対応策を協議した。特に重視されたのが、酒勾参事官が強く主張した、在外公館の長にではなく一館員に対してペルソナ・ノン・グラータを適用することは、国際法的に問題があるのではないかという点であった。

国際法の権威として外務省顧問を務めていたイギリス人のトマス・ベィティ博士、外務省の嘱託を務めていた東京帝国大学名誉教授・立作太郎《たちさくたろう》博士の両名に意見聴取したが、彼らの見解は外務省の意に沿うものではなかった。ただし、ベィティ博士は、本件に対して「報復」を行うことは可能であるとの見解を示した。この「報復」を日本側が行ったことによりこの後事態はさらに深刻化したのである。

両博士の見解を踏まえ、外務省は、外交官個人に対するペルソナ・ノン・グラータ適用への抗議は諦《あきら》めた。しかし、杉原に対して、理由を明示されることもなく、一方的にペルソナ・ノン・グラータが適用されたことについては抗議し続けていく方針に切り替えたのであった。

日本側の抗議材料となった一つが、前年杉原がペトロパヴロフスクに出張したさいには、通常どおり入国ヴィザが発給されたにもかかわらず、なぜ今回は発給に応じないのかという点であった。そこで、在ソ連大使館にこの点を問いただすよう命じた電報が二月一〇日に送られた。また、その電報には、日本側が、今後在日ソ連大使館勤務を申し出るソ連人外交官にヴィザを発給しないことも辞さない覚悟であることも記されていた。

日本側の強硬姿勢にもかかわらず、その後もソ連側は入国ヴィザの拒絶理由を明らかにしなかった。業《ごう》を煮やした日本側は、二月二三日に堀内謙介《ほりのうちけんすけ》外務次官がライビット駐日ソ連臨時代理大使を外務省に呼び出し、事態の改善を求めたのであった。

ここに至って、ライビットは、ようやく発給拒絶の理由を明らかにした。

曰《いわ》く、杉原がハルビン総領事館在勤時にソ連に対して敵愾心《てきがいしん》を持った白系露人と親密な関係を築いていたので、杉原には入国ヴィザを発給できない。また、前年の出張の際にはヴィザを発給したにもかかわらず今回は発給できないとしたのは、杉原と白系露人との関係が判明したのが前回出張の後であり、今回拒絶することとの間に何も矛盾はない――。

ソ連側の不可解な対応ぶりは日本側を硬化させ、ついにベイティ博士の助言にもとづいて「報復」に訴えることになった。在日ソ連総領事館に副領事として勤務する予定であったソ連人外交官への入国ヴィザの発給を拒否したのだ。同人にはなんら問題点が認められなかったにもかかわらず、杉原に対するヴィザ発給拒絶に対してソ連側の「反省」を促すために発給を見合わせたことが当時の記録に明記されている。

杉原への事情聴取調書発見さる

ソ連側は「反省」するどころか、在ウラジボストーク総領事館に勤務予定の四名および在ソ連大使館勤務予定の一名の日本人外交官に対する入国ヴィザの発給を留保した。事態は、「報復」の連鎖へと発展してしまった。杉原個人に対するヴィザ発給拒絶問題は、ついに両国間における新規外交官の相手国への赴任を妨害し合う事態にまで悪化したのであった。

　日本外務省はソ連当局への抗議を続けると同時に、杉原に対しても事情聴取した。本書でもたびたび言及した調書「杉原通訳官ノ対白系露人接触事情」がまとめられた背景にはこのような事情があった。

　この調書は、昭和戦前期外務省記録の分類で、「移民、旅券」関係のJ門に分類されている「外国ニ於《お》ケル旅券及査証法規並同取扱事件雑件　蘇《ソ》連邦ノ部　本省員関係」というファイルに綴《と》じられていた。このファイルには、在ソ連大使館ないしはソ連国内に設置されていた日本の総領事館・領事館に赴任する外交官に対するヴィザ発

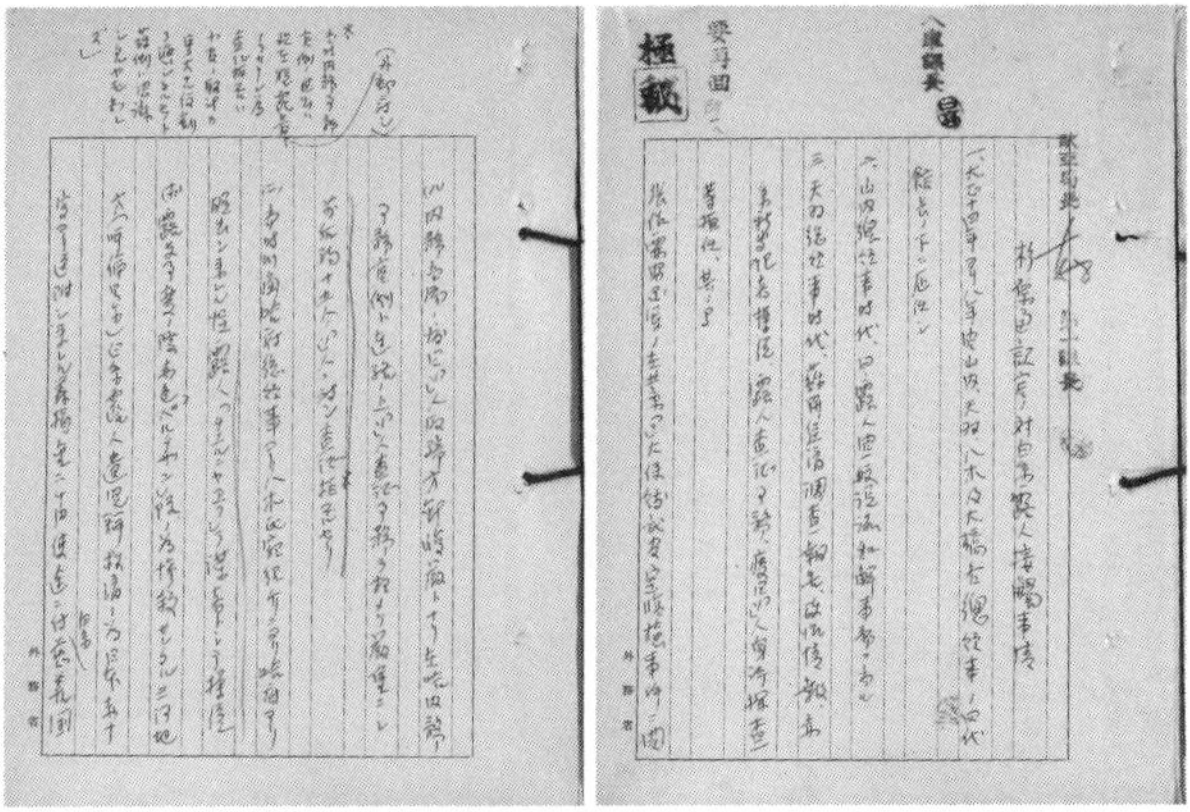

調書「杉原通訳官ノ対白系露人接触事情」（外交史料館所蔵）

給をめぐるトラブルについての様々な史料が綴じられている。

杉原に対するヴィザ発給拒絶問題についての一連の史料も綴じられていて、件《くだん》の調書は三月一三日付の史料と同一七日付の史料の間に綴じられているので、その間に提出されたものと考えられる。Ｂ５判サイズ程の大きさの外務省縦書き罫紙《けいし》一〇枚に青いインクのペンを用いて手書きで記されているのだが、次の二つの点から考えて杉原の自筆である可能性が高い。

第一に、本文中に数カ所「小官」という言葉が出てくることだ。「小官」は、役人が自分のことを指す謙譲語であり、「小官」が数カ所用いられているということは、杉原が自身の言葉で語った内容であることは間違いない。

もう一点、筆跡の面から確認すべく、杉原の遺族のうち長男故弘樹氏の美智《みち》夫人に確認していただいたところ、若き日の杉原のものとそっくりであるとの回答を得た。

本件調書は、外務省入省以来杉原がどのような案件にかかわったかを明らかにし、時には彼自身の感想、軍部の横暴に対する批判すら記され、大変興味深い内容であった。従来全く顧みられることのなかった記録ファイルに、杉原の本音が吐露された史料が埋もれていたので、筆者も大変驚かされた。書かれてから七〇年以上、ほとんど読む者もなかった調書に出会えた感激は忘れがたい。

謎《なぞ》めいた調書、秘められた意図

　ところが、杉原千畝の若き日の足跡を明らかにする貴重な史料に出会った喜びも束《つか》の間《ま》、本調書には根本的な問題、調書名と内容が一致しないという問題があることに気づいてしまった。「杉原通訳官ノ対白系露人接触事情」というタイトルであるにもかかわらず、全くと言ってよいほど「白系露人」との接触に関する記述が見当たらないのだ。

　最後の部分で申し訳程度にこう記してあるのみだ。

曰く、白系露人と政治的に接触したことはなく、むしろ諜報《ちょうほう》関係では情報収集のためあえて赤系（共産主義系）のソ連人と接触していた、そのため満洲国外交部に移籍してからは、共産主義者の嫌疑をかけられ迷惑した――。

　彼が北満鉄道譲渡交渉にあたり、白系露人の情報網を駆使していたことは今日明らかであるが、この時代、外務省本省に対して隠す必要があったのであろうか。

　これは、大変重要なポイントだ。彼の主張にもとづいて日本側がソ連と交渉し、それに対して先方が杉原と白系露人たちの接触を証明する具体的証拠を出してきた場合、日本側は「大恥」をかくことになりかねない。

「すねに傷を持つ身」としては、白系露人との接触事情を正直に説明して、その上で公務のために必要であったことを主張し（実際に北満鉄道の譲渡価格を大幅に引き下げることに成功したのであるから）、上層部の判断を仰ぐという方法が、杉原にとっては最も無難な対応であったように思われる。

明確に白系露人との政治的接触を否定した意図は何なのであろうか。調書の最後には、満洲事変以降、白系露人は一度しか面識のない日本人についても、旧知のごとく誇張して話す傾向があるので注意を要すると結んでいる。ある種意識的に上司達を煙《けむ》に巻くことを考えていたようにも読める。

「後知恵」にもとづいて論を進めることは歴史研究において絶対に慎むべきことだ。しかし、その後の状況から考えると、彼には自分が白系露人の協力を得て成し遂げた工作に関して、ソ連側が具体的情報を摑《つか》んでいないという自信があったように思えてならない。

ソ連側の不自然な行動から、杉原はソ連側が決定的な証拠を握っていないからこそ、ブラフを用いて強気な態度をとり続けていると看破したのではなかろうか。そのような判断にもとづき、外務省に提出する公式書類であっても、あえて白系露人との接触については伏せておいたと考えることも可能かと思われる。

これはある種の「賭《か》け」であった。しかし、インテリジェンス・オフィサーとしての経験と直感に裏打ちされた自信にもとづく大胆な勝負であった。

重光大使も乗り出す

酒勾参事官とカズロフスキー局長の会談、堀内次官とライビット臨時代理大使の会談によっても解決を見なかったので、重光葵駐ソ大使が交渉に乗り出すこととなった。

重光葵、のちに、第二次世界大戦終結に際してアメリカ戦艦ミズーリ号上で連合軍に対する降伏文書に日本政府を代表してサインした外務大臣として有名である。一九三〇年代には内田康哉、広田弘毅二代の外務大臣の下で外務次官を務め、その当時の日本外交を主導した一人であった。一九三六年八月に駐ソ大使に任ぜられ、一一月に着任したの

駐ソ連大使として杉原のために奔走した重光葵
(外交史料館所蔵)

で、着任早々この杉原の事件に遭遇したことになる。

彼は、一九三八年に勃発《ぼっぱつ》した満ソ間の国境紛争、張鼓峰《ちょうこほう》事件にさいして、ソ連側に対して堂々と日本の主張を伝え、ついに日本側に有利な形で解決させた程の豪腕外交官であった。また、非常に筆まめな外交官としても有名で、駐ソ連大使時代には、ソ連に批判的な報告書や調書を多数残している。

だが、ドイツやイタリアにシンパシーを感じる「枢軸派《すうじくは》」と呼ばれる外交官とも一線を画していた。駐ソ連大使の後、一九三八年九月には駐イギリス大使に任ぜられ(着任は翌月)、翌年九月の第二次世界大戦勃発後は、刻々と変化するヨーロッパ情勢に関し、的確かつ詳細な報告を送り、ヨーロッパの戦争に介入することの危険性を強く警告し続けた。

重光は戦後極東国際軍事裁判、いわゆる東京裁判においてA級戦犯の一人として起訴されたが、これはソ連側のゴリ押しによるもので、禁固七年の判決が下った。張鼓峰事件の仇討《かたきうち》を東京裁判の場で果たした格好である。

さて、二月二八日、重光は、ストモニヤコフ外務人民委員代理と会見した。その席で、本国でも調査した結果、満洲国在勤時に杉原が白系露人と政治的に接触した事実は認められないと、重光は断言した。その上で、大使館員の行動は大使である自分が責任を持つので、直ちに杉原へヴィザを発給することを要請した。

これに対してストモニヤコフは、日本側が「このような小さな問題」に執着することに驚いたとして、再び今回の決定は複数の情報に基づくものであり変更の余地はないと言い切った。重光も、満洲国が日本の勢力圏下にあることを指摘して、日本官憲が本件を調査することは容易であるが、ソ連官憲の手が及ばない土地で起こった問題に関する調査なので、ソ連側の調査には所詮《しょせん》限界がある、日本側調査の方が信憑性《しんぴょうせい》は高いと反論した。

ここでストモニヤコフは、理解に苦しむ反論を始めた。

曰く、この年一九三七年一月一日に天津で発行された日刊紙上に、日本の中国駐屯軍司令官と駐天津総領事の名前で、天津在住の白系露人への祝辞が掲載された——。

日本側の対白系露人政策を批判したものだが、この天津で起こった問題と杉原の白系露人との接触問題が全く無関係であることは論を俟《ま》たない。

このストモニヤコフの筋違いの反論は、杉原と白系露人の接触に関してソ連側が具体的証拠を何らつかんでいなかったことを意味するのではあるまいか。このタイミングで具体的な証拠を提示できれば、重光大使の顔は潰《つぶ》れ、ソ連側は圧倒的に優位な立場を得ることができたはずだ。

ブラフで押し切ろうとしたソ連側の態度こそ、杉原の「読み」の正しさを証明しているのではなかろうか。北満鉄道譲渡交渉で展開したインテリジェンス活動は、鉄道の価格を大幅に引き下げるだけにとどまらず、ソ連側の情報をどのようなルートで入手していたか推測もできないほど巧みなものであった可能性を感じさせる。

だが、この「大成功」は、ソ連側に杉原の恐ろしさを思い知らせることにもなり、「国際慣例上先例がない」入国拒絶という手段に訴えさせることになってしまった。それほどに、ソ連にとって杉原は不気味な存在であったのだ。

ソ連が杉原の諜報網を把握していれば、杉原の入国をあえて認め、「泳がせる」という選択肢もあり得た。このような選択肢の存在は、同時代の日本人外交官寺崎英成《ひでなり》の例を挙げればわかりやすいだろう。

寺崎は、柳田邦男《やなぎだくにお》の小説『マリコ』における主人公マリコ（奇《く》しき縁だが彼女の名付け親は重光）の父親のモデルになった外交官として知られる。彼は、日米開戦間近の一九四一年三月末に在アメリカ大使館に書記官として赴任し、戦争回避のために奔走した。しかし、FBIが電話の盗聴や手紙の開封などにより彼の動向を詳細に把握していたことも今日明らかになっている。アメリカ政府は寺崎を「泳がせて」日本側の手の内をつかんでいたのだ。

容易に活動を確認できる相手であれば、「泳がせて」おき、逆にそこから相手の動きを把握することも可能となる。インテリジェンスの世界における常套《じょうとう》手段だ。それゆえ、杉原のように活動の痕跡《こんせき》すら残さない者こそ一番恐ろしい存在なのだ。ソ連が杉原を警戒したのも当然である。

重光大使は、ソ連の言い分を認めることは到底できず、明確な理由も示さずに外交官の派遣を拒絶するということは、日本政府の失望するところだとして抗議した。ストモニヤコフは、日本が派遣してくる外交官を全《すべ》て認めないということではなく、杉原だから認めないのだと漏らした。これこそソ連の本音であった。

重光・ストモニヤコフ会談が物別れに終わった後も、三月一〇日に酒勾参事官がカズロフスキー局長と会見し、もう一度ソ連側対応の不当性を訴えたが、ソ連側の態度は頑《かたく》なで、ついに日本側も杉原の派遣を諦めざるを得なかった。

さらに、もう少し広い視点からこの外交史上異様とも言える事件の背景を掘り下げてみたい。この時期の日ソ関係の悪化も影を落としていたかと思われるからだ。

杉原が外務省から在ソ連大使館勤務を命ぜられたのは、前述のように一九三六年一二月の末であった。そのわずか一月前の一一月二五日、日本はドイツとの間に防共協定を結んでいた。共産主義の脅威に対抗するための協定ということであり、ソ連側から見れば、日本とドイツがソ連を挟撃《きょうげき》するための協定を結んだことに他ならない。ソ連は、まさに調印するのみとなっていた日ソ改訂漁業条約の調印を拒否し、日本の北樺太《からふと》利権に圧迫を加えるなど様々な「報復手段」に訴えていた時期であった。杉原の入国拒絶は、「報復」の一環でもあったのだ。

スペイン内戦の意外な余波

もう一つ、この時期にソ連が満洲における白系露人の政治活動に脅威を感じていたことも、杉原にはマイナスに働いたのではないかと思われる。一九三六年四月にソ連側は、満洲国における白系露人の活動を日本側が援助していると抗議した。日本側は事実無根とはねつけ、この問題は終わったかに思えた。

だが、その後ヨーロッパの大事件が満洲国在住の白系露人による政治活動を活発化させるという予想外の事態が生じた。

この年七月に起こったスペイン内戦である。イギリスが生んだ二〇世紀最大の歴史家の一人であるE・H・カーは、一九三六年における最も重大な事件は、長年国際政局の上でとるに足らぬ役割しか演じていなかった国で発生したとして、スペイン内戦の意外性と重要性を指摘している。

当時スペインにおいては、人民戦線内閣が政権を握っていた。人民戦線とは、共産主義の国際機関であるコミンテルンが、ファシズムの台頭に対抗するために提唱した政治戦術であり、左翼陣営の大同団結を目指した。この結果、フランスとスペインに人民戦線内閣が誕生した。

スペインでは、フランコ将軍を中心とした軍人などが一九三六年七月一七日に人民戦線内閣に対しクーデターによって反旗を翻《ひるがえ》した。この後、人民戦線内閣側をソ連が、フランコ将軍率いる叛乱軍《はんらんぐん》側をドイツおよびイタリアが援助したため、「第二次世界大戦の前哨戦《ぜんしょうせん》」とも言われた悲惨な闘いが三年近くも続いたのであった。

アーネスト・ヘミングウェイは、人民戦線内閣側を支持し、名作『誰《た》がために鐘は鳴る』を書いた。また、スペイン出身の画家パブロ・ピカソは、フランコ側を支持するドイツ空軍部隊がゲルニカの街へ無差別爆撃したことに衝撃を受け、反戦絵画の傑作「ゲルニカ」を描いた。世界の耳目がスペインに集まったのであった。

スペイン内戦に対する日本政府の対応は微妙であった。ドイツとイタリアは、一九三六年一一月一八日、フランコ側を正当な政権として承認した。ドイツとイタリアは、日本も追従するようにたびたび勧めたが、日本の承認は、一九三七年の一二月一日までずれこむことになる。アメリカやイギリスなどの承認が三九年なので、後の第二次世界大戦における枢軸国側と連合国側との間で揺れる日本の複雑な立場を象徴していると言えよう。

このような状況下、満洲国在住の白系露人たちの中には、反ソ連の立場からフランコ側に対し同情を寄せ、経済的、あるいは精神的な援助を試みる者が多数現れた。彼らの活動は、当然ながらソ連側の感情を大いに逆撫《さかな》でしたのであった。

このように満洲国在住の白系露人の反ソ連的政治活動が活発化する中、それら白系露人との間に強いつながりを持っていたことは明らかであるにもかかわらず、その実態を決してつかませなかった杉原にソ連側が強い警戒感を抱いたのは想像に難くない。杉原の活躍は、ソ連側に全く「尻尾《しっぽ》をつかませない」ほど見事であった。しかし、その見事さは「両刃の剣」となってしまい、ソ連側の警戒心を喚起し、杉原にとって最高の活躍の場であったはずの在ソ連大使館への赴任を不可能にしてしまったのであった。

後に何千枚もの日本通過ヴィザを発給して、多くのユダヤ系避難民を救った杉原本人が、自身への一枚の入国ヴィザを得ることができずに苦しんだとは、あまりにも皮肉である。リトアニアのカウナスでヴィザ発給を決断したとき、脳裏にこの時の苦い思い出が蘇《よみがえ》ったに違いない。

酒匂公使との再会

一九三七年八月一二日、ようやく杉原の赴任先が決まった。新設の在フィンランド公使館の二等通訳官に任ぜられたのだ。

ソ連に入国を許されない杉原は、当時のフィンランドへの一般的ルートであったシベリア鉄道を利用することができず、太平洋、さらには大西洋を船で横断するコースを選ばざるを得なかった。当時、シベリア鉄道でウラジボストークからモスクワに向かった場合約一〇日かかったというので、東京からヘルシンキまでは二週間ほどを要した。しかし、杉原一家は約一月もの船旅を余儀なくされたのであった。

一歳にもならない弘樹をともなう船旅は困難が予想されたが、幸子夫人の妹菊池節子が、ヨーロッパ文化の勉強もかねて一家に同行することとなり、弘樹の世話にも協力したので、杉原夫妻は大いに助けられた。節子はこの後、戦後の帰国まで杉原一家と行動をともにすることになる。

在フィンランド公使館には、市河彦太郎《ひこたろう》臨時代理公使が、開設準備のため四年前から駐在していた。市河は入れ替わりに帰国したが、その後文化事業部で活躍した。文化交流を重視した、当時の外務省では稀《まれ》なタイプの外交官であった。

彼は、外国での知見や文化外交の重要性を著書『文化と外交』にまとめた。その中でフィンランドを「水と音楽とスポーツの国」と紹介している。美しく豊かな自然、その恵まれた自然が生み出した素晴らしい音楽。独立して二〇年足らずの間に健全で文化的な国家が着々と育っていた様子を活き活きと描いている。今日のフィンランドの繁栄を予感させる内容と言えよう。

市河臨時代理公使によって開設準備が整った後、初代駐フィンランド公使に任命されたのは、杉原がソ連から入国拒絶された際に在ソ連大使館参事官として交渉の矢面に立ったあの酒匂秀一であった。酒匂は、ロシア語が堪能《たんのう》で、ソ連通の外交官として知られていた。

酒匂公使は、着任した杉原をプライヴェートでも非常に可愛《かわい》がり、単身赴任だったせいもあってか、よく杉原夫妻に酒の相手をさせたそうだ。自身は、日本酒を好んだが、杉原夫妻にはウィスキーを一本与え、「この瓶が空になるまでは帰さないぞ」と言ったりしたようだ。幸子夫人も生前「酒匂公使には大変よくしていただいた」と懐《なつ》かしそうに語って下さった。

杉原を在フィンランド公使館に呼び寄せたのは、酒勾公使の意向が大きかったのではないかと思われる。フィンランドもソ連の近隣国であるので、対ソ情報収集のための重要な拠点であった。酒勾としても、ソ連から入国を拒絶されるほどのインテリジェンス・オフィサー杉原を自分の手元におきたかったのではないだろうか。

酒勾は、前述のようにロシア語に堪能であり、かつ優れたインテリジェンス・オフィサーであった。フィンランド在勤の後、日本と対ソ情報面で密接な協力関係にあったポーランド駐在の大使に任ぜられ、ポーランドのベック外務大臣の信頼を得て、多くの重要情報を入手した。大戦勃発前夜の欧州情勢が緊迫していた時期であったので、ドイツとソ連の間に位置するポーランドの外務大臣が直接提供した情報は、特に貴重であった。

酒勾と杉原の間には、ロシア語に堪能という共通点以外に、やはり優れたインテリジェンス・オフィサー同士の共感があった。それが両者を結びつけたのであろう。

平和なフィンランド、危機迫るヨーロッパ

杉原がフィンランドに在勤した約二年の間、ヨーロッパでは後の第二次世界大戦へ

とつながっていく事件が頻発していた。一九三八年三月にはドイツによるオーストリア併合が断行され、全世界を不安に陥《おとしい》れた。また、後述するポーランドとリトアニアの国境紛争が起こったのもこの時期であった。

ヒトラーは、オーストリアに次いで、同年九月にはチェコスロヴァキアに対してドイツ系住民が多数在住するズデーテン地方を割譲するように要求し、全ヨーロッパに緊張が走った。各国の戸惑いを見透かしたように、イタリアのムッソリーニ首相の肝入りでイギリス、フランス、ドイツ、イタリア四国の首脳によるミュンヘン会談が開かれた。同会談においてイギリス、フランス両国ともヒトラーの要求へ積極的に反対せず、ズデーテン地方の割譲はチェコスロヴァキアになんら相談なく、四国の合意により決定した。

イギリスのチェンバレン首相は、これにより平和が確保されたと語ったが、ヒトラーの欲望はズデーテン地方の獲得で終わることはなかった。翌年三月にはチェコスロヴァキアは解体され、ドイツの保護下に入った。ドイツに対して宥和《ゆうわ》政策を採り続けたチェンバレン首相もその限界を認めざるを得なかった。

ドイツ国内ではユダヤ人迫害が激化していた。特に一九三八年一一月に起こったクリスタル・ナハト事件は、衝撃的であった。発端は、在フランス・ドイツ大使館に勤務していた外交官がユダヤ系の少年に射殺された事件であった。この事件に激昂《げっこう》した市民によってドイツ国内（オーストリアを含む）に住むユダヤ人の住宅や教会（シナゴーグ）多数が破壊された。破壊によって砕けたガラスの煌《きら》めきから、クリスタル・ナハト（水晶の夜）というおよそ似つかわしくない美しい名前がつけられた事件である。ドイツ政府はこの事件の責任がユダヤ人側にあるとして、多くのユダヤ人を逮捕し、また多大な罰金を課した。

アメリカやイギリスの世論はこの蛮行を非難し、特に、アメリカのフランクリン・ローズヴェルト大統領は、二〇世紀の文明の世にこのような蛮行が行われるとは信じがたいとの声明を発したほどであった。

この事件の前後から、外国に逃れようとする主としてドイツ系のユダヤ人が激増した。ドイツやオーストリアから逃れてきたユダヤ系避難民の対応にフィンランド政府が苦慮していたことに関する報告書が残っているので、杉原も避難民の姿を見た可能性が高い。また、満洲国や日本に逃れてくるユダヤ避難民も急増した。

このようにヨーロッパに緊張が高まる状況下、杉原はヘルシンキにおいて自動車の運転をマスターした。これを時間的余裕があったために、そのようなことが許されたととらえるのではなく、情報収集の最前線への復帰に備えた準備の一環と考えるべきであろう。

この後、家族とのドライブを装《よそお》い、密《ひそ》かに情報収集活動にあたっていたことは、『六千人の命のビザ』にも記されている。インテリジェンス活動を円滑に行うための機動力を、自動車に求めたのであろう。そして、第八章で詳述する、杉原最大の活躍にあたっては、自身でハンドルを握ったのであった。

ヨーロッパで、ドイツを中心に混乱が高まっていく中にあって、フィンランドはまだ平和を保っていた。一九三八年一〇月二九日には次男である千暁《ちあき》が生まれ、杉原家はますます賑《にぎ》やかになった。

フィンランド在勤時の杉原に関して、クラシック音楽ファンには垂涎《すいぜん》の話が残っている。フィンランドが生んだ偉大な音楽家ヤン・シベリウスに会う機会に恵まれ、サイン入りのポートレートと、フィンランドの人々が愛してやまない名曲、交響詩「フィンランディア」のレコードを貰《もら》ったというのだ。残念ながらレコードは大戦中に失われたが、ポートレートは杉原家に大事に保管されているそうだ。

インテリジェンスの大御所・杉村陽太郎

フィンランドの日々において、インテリジェンス・オフィサー杉原千畝にとって誇るべき出来事が起こった。当時の日本外交官の中でも傑出したインテリジェンス・オフィサーであった杉村陽太郎駐フランス大使が、一九三八年三月四日、本省宛《あて》の電報により杉原を自分の下に配属して欲しいと申し出たのだ。それも「至急」という言葉まで付して。

今日ほとんど知られていない杉村陽太郎だが、当時の日本人外交官の中では国際的評価が突出して高い人物であった。身長一八五センチの偉丈夫で、講道館で嘉納治五《かのうじご》郎《ろう》の薫陶《くんとう》を受け、柔道六段の腕前であった。水泳も達者で、外交官試験合格後、リヨン大学留学中に、水泳によるドーバー海峡横断に挑戦しようとしたエピソードが残っている。これには加藤高明駐イギリス大使や山座《やまざ》円次《えんじ》郎《ろう》同大使館参事官などが猛反対したので断念したという。

偉大なインテリジェンス・オフィサー杉村陽太郎
（外交史料館所蔵）

杉原が外務省留学生試験を受けた思い出を綴《つづ》った前出の「雪のハルビンより」に興味深い記述がある。身体検査の順番を待っている間、時々身体《からだ》の大きな立派な人物がゆっくりと散歩でもするように庭を歩いている姿が目に入った。「杉村さんという柔道の得意な外交官とはこんな人ではないか」と思ったというのである。この推測の正否はともかく、一学生であった杉原がその名前を知っていたほど、「巨漢でスポーツマンの外交官」杉村の名前は有名であった。

スポーツマンであると同時に、杉村は努力家であり、社交にも長《た》けていた。日米開戦時の外務大臣東郷茂徳《しげのり》の下で次官を務めた西春彦《はるひこ》による『回想の日本外交』には、一九二〇年代の外務省の雰囲気に関する描写がある。杉村が毎朝定刻前に登庁し、フランスの『ル・タン』紙を熱心に読んでいる姿に敬服するとともに、懇親会の席で披露した宴会芸「ヘソ踊り」には西自身のヘソも宙返りするほど笑ったと記されている。

杉村の名前が国際的に知られるようになった背景には、新渡戸《にとべ》稲造の任期満了後の一九二七年、国際連盟の事務次長に就任したことが大きかった。事務総長を務めていたイギリスのドラモンドをよく補佐して、複雑な国際問題の処理に多大な功績を残した。満洲国建国を国際連盟に否定され、日本は国際連盟を脱退、杉村も事務次長を辞したが、各国外交官たちの杉村個人へ寄せる信頼は失われなかった。

前出のとおり、杉原はリットン報告書への反駁文《はんばくぶん》をフランス語で起草したが、連盟事務次長であった杉村の目に止まった可能性は大きい。フランス語を得意とする杉村の眼鏡にかなったのであれば、杉原のフランス語も一流であったのであろう。

杉村は、一九三四年、駐イタリア大使に任ぜられた。国際的な重大問題が生じるたび、イタリア駐在の各国外交官は杉村の意見を求め、日本大使館を訪れるほどだった。外務次官や駐ドイツ大使などを務めた外交界の長老永井松三《まつぞう》は、杉村を評して、東洋人でありながら複雑で刻々と変化するヨーロッパ情勢をよく理解し、その「頭脳と識見は抜群のものであった」と賞賛している。

今も外交史料館には、イタリアによるエチオピア侵略やスペイン内戦に関する詳細かつ膨大な杉村大使報告が多数残っている。その人柄が築いた人脈による情報量の多さは圧巻だ。本省サイドは、杉村報告を重視する一方、その量の多さに当惑すらした。当時欧亜局第二課に勤務していた与謝野秀《よさのしげる》（歌人与謝野鉄幹、晶子《あきこ》夫妻の次男。政治家・与謝野馨《かおる》の父）が「杉村大使の報告は量が多いことが魅力」だが、多すぎて整理が困難であるとのコメントを残している。

その杉村がなぜ杉原を必要としたのであろうか。その理由を裏付ける史料は見当たらないが、当時のフランスの外交政策を考えれば想像は可能だ。

ドイツにおけるナチスの台頭に脅威を感じたフランスは、ソ連との提携によりドイツの力を抑制しようとした。ソ連の国際連盟加盟の背後には、フランスの積極的な協力があった。日本から見れば、ヨーロッパにおけるソ連の地位安定は、同時に対日問題に関して高圧的な態度をとり得る立場を獲得することを意味していた。さらには、フランスなどヨーロッパ諸国を籠絡《ろうらく》して、対日包囲網形成に乗り出すことまでも危惧《きぐ》された。

日本が生んだ最高のインテリジェンス・オフィサーであった杉村は、ソ連とフランスの協力が日本の脅威になりかねないとの認識をもっており、その事実を裏付ける史料も多数現存する。それゆえに、杉村が、一人でも多くインテリジェンス活動の助けになる人材を欲していたことは想像に難くない。ソ連から忌避されるほどの高い能力を示した杉原に目をつけ、是非自分の下に欲しいと思ったのであろう。日本外務省が生み出した最優秀のインテリジェンス・オフィサーが杉原の力を認めていたのだ。これは、杉原にとって誇るべき出来事と言えよう。

杉村の要請に対して本省は、「遺憾ながら」応じかねるとした。理由は記されていないが、ソ連通の杉原をソ連から離れた国に持って行くのはもったいない、対ソ関係において何か問題が生じた際に備えて、杉原をソ連の周辺国に残しておくべしという本省の判断があったのだろう。

杉村が、直接杉原と会う機会はなかったと思われる。にもかかわらず杉原のインテリジェンス能力を買っていたことは注目されてよい。

日本外交にとって大変不幸なことに、杉村大使はフランスで病を得て、一九三九年一月帰国したが、三月二四日、帰らぬ人となった。外務省は、長年にわたる彼の功績に対し、外務省葬を催し、その死を惜しんだ。享年《きようねん》五四、早過ぎる最期《さいご》であった。

第四章　バルト海のほとりへ

対ソ情報収集の拠点・リーガ

　在フィンランド公使館に勤務していた杉原のもとに、新任地への異動指令が送られたのは一九三九年七月二〇日のことであった。副領事として、リトアニアのカウナスに赴き、領事館を開設すること、そのさい、同領事館には正式な領事の赴任予定がないので、領事代理として責任者を務めるようにという内容であった。

　それまでリトアニアには日本の領事館も公使館も設置されていなかったが、

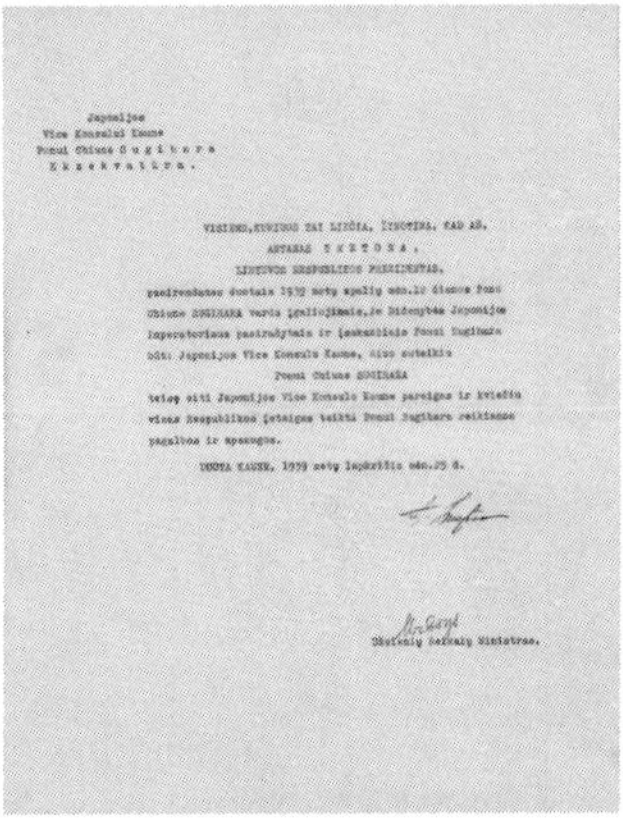
Japonijos
Vice Konsului Kaune
Ponui Chiune S u g i h a r a
E g z e k v a t ū r a.

ANTANAS S M E T O N A,
LIETUVOS RESPUBLIKOS PREZIDENTAS,

Ponui Chiune SUGIHARA

DUOTA KAUNE, 1939 metų lapkričio mėn.25 d.

Užsienių Reikalų Ministras.

スメトナ大統領からのリトアニア国内における領事活動への認可状（外交史料館所蔵）

そのような国になぜ杉原は赴任を命ぜられたのだろうか。この理由を解明するために、まず日本とバルト三国の関係について知っておく必要がある。

バルト三国と言えば、日本では、ソ連・ロシアに近い地域に位置する、非常に似通った国々ととらえがちだ。だが、これら三国はその歴史、文化、言語など非常に大きく異なる。宗教を例にとると、リトアニアはカトリックだが、ラトヴィア、エストニアはプロテスタント。民族の点では、エストニア人のみがフィンランド人やハンガリー人のようにアジア系なのである。実際に訪れてみると、三者三様の豊かな個性ゆえに観光客を魅了してやまない。

周知のように三国は、第一次世界大戦後それぞれロシアから独立した。ラトヴィアとエストニアは長大な海岸線を持ち、多くの良港を抱えていた。これらの中には、帝政ロシア時代の重要な軍港（日露戦争のさいに、日本海軍と戦った有名なバルチック艦隊の根拠地がラトヴィアのリバウ軍港であった）や商港が多数含まれ、ソ連にとって垂涎《すいぜん》の的であった。そのため、ラトヴィア、エストニア両国にとっては、外交的な脅威の中心はソ連であり、必然的に外交面で共同歩調をとる機会が多かった。

これに対して、リトアニアだけは、当時ソ連と国境を接していなかった。さらには、ほとんど海岸線を有していなかったため、三国の中では比較的ソ連と良好な関係を築き得る地理的環境にあった。

リトアニアにとっての外交的難題は、唯一《ゆいいつ》の港クライペダをめぐるドイツとの問題、首都ヴィリニュスをめぐるポーランドとの確執であったが、これらの問題については後述する。

第一次世界大戦後、対ソ情報収集の拠点として、日本が最初に選んだのはラトヴィアだった。ラトヴィアは、バルト三国の真ん中に位置し、戦間期には人口、面積ともに最大の国であった。さらに、ラトヴィアは、ドイツやポーランドの情報収集にも適していたので、一九二九年九月一日、「バルトのパリ」の異名を持つ美しい首都リーガに公使館を開設した。当初は駐ドイツ大使が駐ラトヴィア公使を兼任し、ラトヴィアには在ドイツ大使館から臨時代理公使が派遣されていた。

この歴代の臨時代理公使の顔ぶれを見ると、ロシア・ソ連通の錚々《そうそう》たる名前が並んでいる。帝政ロシア時代からソ連時代にかけてたびたび大使館勤務を経験した杉下裕次郎、駐ポーランド臨時代理公使や駐ウラジボストーク総領事を務めた渡辺理恵《りえ》、杉原の入国問題が生じたとき一等書記官として酒勾《さこう》参事官を補佐し、その後駐ウラジボストーク総領事や在ソ連大使館参事官を務めた七田《しちだ》基玄《もとはる》などである。

吉田茂《よしだしげる》の視線

在ラトヴィア公使館が対ソ情報収集上いかに役立っていたかを裏付けるエピソードがある。これには、かの吉田茂が関係していたことからも興味深い。吉田茂といえば、外交官出身で、戦後総理大臣として日本の独立に大活躍した人物というだけで十分であろう。

一九三六年、二・二六事件により岡田啓介《けいすけ》内閣が倒れた後、吉田と外交官試験同期の広田弘毅が総理大臣に指名されると、吉田は外務大臣候補に擬せられた。しかし、吉田の岳父牧野伸顕《のぶあき》が親米英派の中心人物として知られ、二・二六事件のさいには、湯河原滞在中に襲われ、間一髪で助かったほどだったので、当初からこの人事は困難が予想された。案の定、「あの牧野の娘婿《むすめむこ》を外務大臣にするわけにはいかない」と、陸軍などから猛反発を受け、吉田外務大臣構想は頓挫《とんざ》してしまった。広田としても、組閣参謀も務めた吉田を気遣い、外交官の中ではトップクラスの駐イギリス大使に任じたのであった。

ロンドンに着任した吉田は、めげることなく、精力的に各方面と接触して、日英関係改善に向け邁進《まいしん》した。その吉田にとって一つ気がかりとなったのは、「ソ連がイギリスに急接近している」との情報であった。前章でフランスとソ連の接近に日本側が危惧《きぐ》を感じたことを記したが、フランスに続きイギリスにもソ連が接近するとなれば由々しきことである。

この年一月、イギリス国王ジョージ五世が崩御すると、ソ連の新聞は従来にないほど大きく報道して、その逝去《せいきょ》を惜しんだ。リトヴィノフ外務人民委員などがイギリスを訪れ、いわゆる「弔問外交」を積極的に行ったことで、ヨーロッパ在勤の日本外交官の間ではソ連・イギリス接近を危惧する声が高まった。

当時駐スウェーデン公使であった白鳥敏夫《しらとりとしお》の反応は顕著であった。後に駐イタリア大使時代に枢軸《すうじく》外交を推進し、戦後にはA級戦犯に指名され、終身禁固刑を受けた人物だ。後述するように白鳥は松岡とともに昭和天皇から非常に忌避された人物でもある。彼は、この事態を深く憂慮し、一月末に次のようないささか過激な内容の電報を送った。

曰《いわ》く、イギリスは日本に絶望し、ソ連と結ぶつもりだ。日本政府としても中国問題だけに没頭せず、ヨーロッパ問題にも少しは配慮して欲しい――。

この年六月に着任した吉田大使の目には、白鳥が憂慮し、日本の新聞が書きたてるほどにはソ連がイギリスに接近しているようには映らなかった。彼の鋭い直感は、本質をつかんだわけだが、裏付ける情報が欲しいところであった。

イーデン訪ソの波紋

イギリス・ソ連接近説が流布《るふ》されるようになった原因については、少し説明が必要であろう。第二次世界大戦中チャーチル首相の下で外務大臣を務め、戦後首相にもなったアンソニー・イーデンは、若き日から外交問題に深くかかわっていた。一九三五年当時王璽尚書《おうじしようしよ》（無任所大臣的なイギリスの役職）の地位にあり、将来の外務大臣候補として期待されていた。

そのイーデンがイギリス政府要人として初めて訪ソすることになったのだが、その背景には一九三五年三月一六日のドイツによる再軍備宣言があった。驚いたイギリス政府は、ジョン・サイモン外務大臣と長年サイモンを補佐していたイーデンをベルリンに送り、ヒトラーに自重を促すことにした。すると、その情報に接したイワン・マイスキー駐イギリス・ソ連大使が、「ドイツまで行くのであれば是非ソ連にも来て欲しい」と申し出た。

一度は、ソ連訪問に興味を示したサイモン外務大臣であったが、急に躊躇《ちゅうちょ》を示した。イーデンから見れば、スターリンと面と向かって話をする良い機会であるのに、そのチャンスを平気で捨ててしまおうとするサイモンの態度は理解できなかった。結局三月二八日から三一日までイーデンが単身訪ソし、スターリン、モロトフ、リトヴィノフなどと積極的に会談したのであった。

ちなみに、この訪ソの帰途、イーデンはワルシャワでベック外務大臣と、プラハでベネシュ外務大臣とも意見交換をした。三七歳の若さで当時のヨーロッパ外交界の重鎮たちとわたりあったことは、外政家イーデンの成長を大きく促したはずだ。

このイーデン訪ソを厳しい目で観察していたのが他ならぬ日本であった。当時の日本は「防共的国際協調主義」と言われるように、「防共」を唱えることによりソ連を孤立の方向に導き、満洲事変以降悪化していた諸外国との関係改善を目指していた。

イーデンの訪ソは、日本側にとって極めて警戒すべき出来事に思われた。特に訪ソ中の諸会談で、極東問題についても協議され、ソ連がイギリスに対日抑制への協力を要請するのではないかと憂慮されたので、欧州在勤の外交官たちは情報収集に奔走した。

中心となったのは、当時大田為吉駐ソ大使が不在のため臨時代理大使を務めていたあの酒勾参事官であった。酒勾は、リトヴィノフ主催による夜会の席で直接イーデンに確認したが、イーデンは極東問題については話し合わなかったと否定した。イーデンの説明は半分正しく、半分は事実と異なっていた。イギリスとソ連の外交文書を確認した結果、ソ連側がたびたび極東問題に関する両国の協力、つまりは日本の勢力拡大抑制を主張したものの、イーデンは巧みに確約を避け続けたのだった。

この訪問に関して、イギリスは日本に対する配慮を怠らなかった。イーデン訪ソ前日の三月二七日にも、ウォーレン・フィッシャー大蔵次官がわざわざ松平恒雄《つねお》駐イギリス大使を訪れた。フィッシャーは、当時のイギリス政界における親日派の中心人物であり、今回のイーデン訪ソはあくまで儀礼的なもので、政治的な性格を有するものではないと説明した。イギリス側が日英関係を悪化させてまで、対ソ関係を改善する意図がなかったことは間違いない。

にもかかわらず、その後ロンドンで英ソ平和会議開催など、両国間の接近を伝える情報が頻繁に伝えられ、欧州在勤の日本人外交官たちを不安に陥《おとしい》れたのであった。

的確だったラトヴィア情報

イギリス・ソ連の接近情報をにわかに信じられない吉田が、確認のため相談した相手は、駐ラトヴィア佐久間信臨時代理公使であった。佐久間は、吉田からの電報に接すると、まさにわが意を得たりとばかりに、次のような内容の返電を送った。

曰く、ソ連は、日本とドイツから挟撃《きょうげき》されることを警戒して、盛んにイギリスに接近しようとしているが、全く体制を異にするソ連とイギリスが手を結ぶ可能性は低い。また、ヨーロッパ各国の新聞は、ソ連からの情報を鵜《う》呑《の》みにせず、その取り扱いには非常に注意を払っている。これに対し、日本の新聞は、ソ連側が流したオリジナル情報を安易に信じる傾向があるので注意を要する――。

吉田は佐久間臨時代理公使の意見を参考にし、イギリス・ソ連間に格別親密な関係が生じている事実は見当たらないと報告した。吉田の鋭い直感を裏付けたのがまさにラトヴィア情報だったのである。

吉田はこの後、日独防共協定交渉に関して、ドイツは信用に値しない国であり、対イギリス関係こそ重要であるとの意見を本省にたびたび送り続けた。それは、ナチスのプロパガンダに動じなかった吉田の見識をよく示している。

また、当時吉田の親友来栖《くるす》三郎大使がベルギーに駐在していたが、吉田を援護射撃するように防共協定反対の電報を送り続けた。後述するように来栖も優れたインテリジェンス・オフィサーであり、杉原の能力を高く評価した一人であった。

しかし、日本はこの年一一月二五日にドイツと防共協定を結んでしまった。ソ連の脅威を過大評価し、「反共」精神に固執した結果、ドイツと手を結ぶことは日本の将来を危うくすることを吉田や来栖は鋭く見抜いていた。彼らの観測が正しかったことは、歴史が証明している。それは、同時にラトヴィアからの情報がいかに的確なものであったかという証明でもある。

外務省VS大蔵省

リーガに公使館はできたが、あくまで臨時のもので、公使も「臨時代理」だったため、その権限には自《おの》ずと限界があった。正式な公使館に昇格させたいという動きは、早くも満洲事変期から外務省内に存在した。

駐ラトヴィア臨時代理公使が正式な公使に昇格すれば、他のバルト三国＝エストニアとリトアニアを兼任することも可能であった。そのため、エストニア側からも昇格を要望する声が高まっていた。

一九三一年当時の日本は、国際連盟の常任理事国の一つであり、現在以上に国際政治へ強い影響力を持つ国であった。エストニア側としては、隣国のラトヴィアには臨時代理公使とはいえ、外交使節が常駐しているのであるから、自国にも日本の外交使節常駐を望んだのであろう。

日本外務省でも欧米局第一課が中心となって検討し、在ラトヴィア公使館の正式公使館への昇格に関して、閣議にかけるための高裁案まで起案した。しかし、同年満洲事変が勃発《ぼっぱつ》する中、高裁案は閣議に提出されることもなく廃案に終わった。

満洲事変とそれに続く一九三三年の日本の国際連盟脱退は、日本外交の大きな転換点であった。このことは多くの爪痕《つめあと》を残したが、国際連盟という情報収集の場を失ったことこそ、最も重大な問題であったと思われる。

一九二〇年代の後半は、「連盟外交華やかなりし時代」と評されることがある。国際連盟が発足したのは一九二〇年のことで、ヴェルサイユ条約の第一編が国際連盟規約であった。

ヴェルサイユ条約により天文学的ともいわれる賠償金を要求されるなど厳しい処遇を受けたドイツは、国際連盟への加入も許されず、厳重な監視下におかれた。ドイツにとって転機となったのが、一九二五年のロカルノ条約であった。ドイツが西部国境を侵さないことを誓約し、仮にドイツがそれを破った場合には、被害国だけでなくロカルノ条約加盟国全体から制裁を受けると同時に、ドイツが侵略を受けた場合にも条約加盟諸国が侵略国を制裁するという内容であり、ドイツと国境を接していないイギリスやイタリアが保障国となった。

これによってドイツは国際連盟へ常任理事国としての加入を許され、国際連盟の活動がそれまで以上に充実したものとなった。特に、毎年秋にジュネーヴで開催される国際連盟の総会には、欧州諸国から首相や外務大臣クラスが派遣され（日本は、距離の関係もあり、大臣クラスを派遣したことはなかった）、各国の「社交場」、「情報交換の場」となった。この格好の場から撤退してしまった日本にとって、以前から情報収集で協力してきた国との関係強化は重要であった。

そこに対ソ関係の悪化も加わったので、ソ連に対する脅威を共有し、協力関係を築ける国としてエストニアの重要度が高まった。エストニア側からも日本にシグナルが送られた。日本・エストニア間の通商条約締結交渉は、双方の要求が大きく隔たったため、中断していた。一九三四年になり、エストニアから交渉再開の提案がなされ、暫定取極《ざんていとりきめ》という形で同年六月二一日に結実した。ここに、日本・エストニア関係親密化へのワン・ステップが刻まれた。

軍事情報に関しても、エストニアは、日本陸軍が駐在将校をエストニアの首都タリンに派遣することを許し、対ソ情報を積極的に提供していた。駐ラトヴィア佐久間信臨時代理公使によると、エストニア軍部からの情報は、ラトヴィアやリトアニアからの情報を上回る内容であったという。

外交・軍事両面における日本とエストニアの協力関係が危機に陥ったのはその直後のことである。日本が一九三四年六月フィンランドに公使館付武官を派遣したことが原因であった。世界地図を見れば容易にわかることだが、フィンランドとエストニアはバルト海を挟んで極めて近距離にある。現在では、ヘルシンキを訪れた観光客は、フェリーに乗れば日帰りでエストニアの首都タリンの景観を楽しめるほどだ。

至近距離にあるフィンランドへ武官を派遣し、エストニアには将校を駐在させるにとどめていたことが、エストニア側を硬化させた。公使や公使館付武官を派遣していない国の駐在将校に特別な便宜を図ることはできないと、日本への好意的扱いを中断することをほのめかしてきたのであった。

この問題は、陸軍、特に参謀本部をも巻き込んだ問題に発展した。外務省も対エストニア問題をないがしろにしていたわけではなく、この年、駐ラトヴィア臨時代理公使の正式公使への昇格、それにともない駐エストニア、リトアニア公使を兼任させるための予算請求を大蔵省（現財務省）に提出した。しかし、大蔵省の理解が得られず、ゼロ査定を受けた上、復活予算も認められなかった。

だが、陸軍だけではなく外務省の現場レベルでも、エストニアとの情報協力は積極化していた。先にも触れた一九三五年のイーデン訪ソのさいに、酒勾臨時代理大使がモスクワ在勤の外交官の中でエストニアのソ連駐在公使から様々な情報を入手した。酒勾は、電報において、エストニア公使のことを「自分が一番信用している」人物と評したほどであった。

国内でも、重光次官が、一九三五年三月二二日、外交協会で行った「我外交陣容の充実改善に就て」と題した講演のさい、配布した「外務省予算理想大綱」という資料の中に、ラトヴィアへの専任公使の派遣が明記されている。

先のエストニアとの通商暫定取極交渉を担当した駐ポーランド伊藤述史《いとうのぶみ》公使も、エストニアとの関係親密化に熱意を示した。

伊藤は、日本の国際連盟脱退まで日本国際連盟帝国事務局次長を務め、前章で紹介した杉村大使同様ヨーロッパの事情に精通した外交官であった。一九三三年八月一五日に駐ポーランド河合博之《ひろゆき》公使が急死した後、同年一二月二二日から一九三七年七月二一日まで駐ポーランド公使を務めた。連盟脱退後、日本がヨーロッパ情勢に関する情報収集に苦慮したこの時期、インテリジェンス・オフィサーとしての伊藤の活躍ぶりは特筆に値する。

ポーランドのベック外務大臣は、一九三二年から第二次世界大戦でポーランドが分割される一九三九年まで外務大臣を務め、当時のポーランド外交を代表する人物であった。彼は、ポーランドに駐在する大公使たちと直接面会することを好まないという行動様式の持ち主でもあった。そのベック外務大臣が、例外的に頻繁に面会することを許した相手が伊藤公使であった。そのため、伊藤はたびたび重要情報の入手に成功したのであった。

伊藤は、対ソ情報戦の重要性に早くから着目した人物でもあった。一九三四年当時、ポーランドでソ連がタス通信を通じ、盛んに反日宣伝を行っていることを憂慮し、対抗手段を講じるべしとの意見を本省に送っている。

対エストニア問題についても、タリンにはソ連人の来訪が多いので、公使館を設けることにより、情報収集の機会が増加するだろうと主張した。ソ連人は、国内ではGPU（ソ連の秘密警察）の監視の目が厳しいため口が堅いが、外国では、口が軽くなり比較的容易に情報を漏らすことに注目していたのだ。

また、タリンは地理的にレニングラード（現サンクトペテルブルク）に近い。ソ連時代に首都はモスクワに移ったが、レニングラードがソ連の主要な大都市であることに変わりはない。反ソ的な政治工作の必要が生じたときに、レニングラードに近いということは大事なポイントになると、伊藤は考えたのであった。

それゆえに、早急にタリンに公使館を開設すること、もし予算の関係上早期実施が難しい場合には、暫定的に在ポーランド公使館がエストニアを兼轄《けんかつ》しても良いとまで主張した。ポーランドはバルト三国の南に位置し、距離的に決してエストニアに近くはなかったが、エストニアへの公使館設置の必要性から、そこまで主張したのであった。

小野寺武官と外務省の協力

ラトヴィア公使館付陸軍武官として小野寺信《まこと》少佐が赴任したことにより、陸軍の要求もさらに高まった。一八九七年の生まれなので、杉原より三歳年上にあたり、日本陸軍が生んだ最も優れたインテリジェンス・オフィサーの一人として、杉原とも深くかかわることとなる。

彼は、杉原が外務省留学生試験に受かった一九一九年に陸軍士官学校を卒業し（陸士三二期）、杉原の外務省入省の翌年にあたる一九二五年に陸軍大学入学、三年後に卒業し、満洲事変勃発後は、参謀本部で対ソ情報を扱うロシア課、対中国情報を扱う支《シ》那《ナ》課などに勤務した。このように参謀本部の情報関係の部署に勤務した経験が、インテリジェンスの素養を身につけることに役立ち、一九三五年にラトヴィア公使館付武官に任ぜられた。

武官の情報収集で重要なことは、現地のカウンターパートとなる軍人と信頼関係を築き、必要な情報を交換することである。彼は、ラトヴィア軍部との関係にとどまらず、ラトヴィア在勤の各国武官との間に情報網を着実に築き、小野寺が送ってくる情報は正確だという定評を得た。

各国武官との交流の中で、ラトヴィア駐在エストニア武官ウィルヘルム・サルセン中佐と特に親しくなり、エストニアから提供される対ソ情報が質量ともに優れていることを痛感した。そのため、エストニア軍部とさらに密接な協力関係を築くことを望み、エストニアとリトアニアの公使館付武官を兼ねたいとの希望を参謀本部に送った。

外務省は、一九三六年七月一〇日付で「昭和十二年度外務省所管予算に関係ある重要国策」をまとめ、大蔵省に提出した。その中には重要課題として、ソ連とその周辺諸国公館の新設と充実が挙げられ、中でもラトヴィア公使館の充実が重視された。しかし、この時も予算確保は困難であった。

しびれを切らせた外務省は、独自の権限の範囲内で、駐ラトヴィア臨時代理公使を正式な公使に昇格させ、エストニア、リトアニア両国を兼任させる方針を固めた。同年末に閣議の承認を経て、一二月二三日付で先の佐久間信臨時代理公使が特命全権公使に昇進した。翌一九三七年、駐ラトヴィア公使がエストニア、リトアニアの公使を兼任すること、それにしたがって公使館付武官も両国武官を兼任することについて、両国の承認が得られ、正式決定を見た。

それにしても、外務省がそのような措置をとることが可能であれば、なぜ大蔵省に予算請求して何年も待ったのであろうか。外務省としては、駐ドイツ大使がラトヴィア公使を兼任していたが、ラトヴィアには公使館を設置し、臨時代理公使を常駐させた例に倣《なら》いたかったのではないか。エストニアとリトアニアにも公使館を設置し、臨時代理公使と数名の公使館員を派遣しようとしていたに相違ない。たびたびの要請にもかかわらず、大蔵省が予算的措置を認めなかったので、予算の増加をともなわない範囲で可能な限り最善を尽くした結果がこのような形を導いたようだ。

バルト三国が、日本の国際的孤立を防ぎ、また対ソ情報の基地としてこれほど重要であることが、日本国内では認識されにくかったことは間違いない。ともあれ、苦肉の策が実現したことによって、日本の対ソ情報収集能力は飛躍的に高まったのであった。

小野寺武官はサルセン武官の紹介でたびたびエストニアの参謀本部を訪れる流れとなり、小野寺情報がさらに充実することになった。

小野寺はラトヴィアに妻を同行させていたが、その百合子《ゆりこ》夫人の回想録『バルト海のほとりにて』によると、サルセン武官の案内で、武官一同が車を連ねて、エストニア国内を一週間かけて旅行するほど親密な交流が行われたという。農村の豊かさ、農民の幸せそうな様子が印象的だったことも記している。

またラトヴィアも、独立とともに大統領となったカールリス・ウルマニスの善政により、小野寺夫妻が暮らしていた頃には、食用の肉と酪農製品の一人あたりの消費量が、ヨーロッパの先進国並となっていたそうだ。独立後各国民の努力により豊かな国が作られていた様子が、一武官夫人の目に鮮烈に映ったのであった。

このように一度は危機に陥った関係を修復し、逆により密接な関係を構築したことは、小野寺武官の個人的な努力による部分も大きかったが、一方では、外務省の長年にわたる組織的な努力の成果でもあった。

ノモンハン事件の意外な影響

一九三九年七月二〇日のカウナスへの杉原派遣の背景には何があったのであろうか。外務省が杉村大使の要請を断ってまで温存した杉原をこの時期になってリトアニアに派遣した理由については、長い間説得力のある解釈がなされてこなかった。近年、杉原千畝研究家の渡辺勝正氏がこの点で画期的な新説を発表した。

杉原だけに注目していると見落としかねない問題であるが、杉原と同日に発令になった外交官たちの人事に着目したのだ。すると、七月二〇日付で、杉原を含め五人の対ソ情報を専門とする外交官たちが選抜され、ソ連、バルト三国、ポーランドとソ連の周辺諸国への赴任が命じられていることが判明した。

当時の日ソ関係を考えると、この年五月に発生したノモンハン事件が影響を及ぼしているに違いない。

この当時、満洲国、ソ連、モンゴルの国境線が明確でなかったため、たびたび国境紛争が起こっており、最大の武力衝突がノモンハン事件であった。この事件に関しては、まだ十分に解明されていないところも多いが、日本側の火砲がソ連軍のものに比べ著しく劣っていたことは、紛れもない事実だ。

戦場の悲惨な様子は、下級将校として現場を経験した一人の外交官の証言を見ても明らかだ。戦後、駐ハンガリー、駐インドネシア大使を歴任した八木正男大使が、生前外交史料館の求めによる聞き取り調査に協力した。八木大使は、一九三五年に外交官試験に合格し、翌年四月に入省したが、次の年の一月に召集され、陸軍軍人として一九四〇年七月まで三年半も軍隊生活を余儀なくされた。その間にノモンハンの戦場を経験したという。

当時の地上戦の形態は、歩兵が砲兵の援護を受けて戦うのだが、ソ連軍の砲の装備状況は、先進国の水準を十分満たしていた。それに比して、日本陸軍の装備は砲の口径においても数においても劣っていた。日本の砲兵部隊が敵の砲撃により瞬《また》く間に壊滅したため、味方の援護を信じて前進した歩兵部隊は遮蔽物《しゃへいぶつ》のない草原に取り残され、ソ連の重戦車に蹂躙《じゅうりん》されて多大な被害を受けた。部下たちが傷つき、戦死する姿を目《ま》の当たりにし、やり場のない怒りと絶望の日々が続いたという。

このような陸軍の装備の遅れについては、昭和天皇の耳にも達した。天皇は、ソ連軍の大砲の方が優れていることを知り、陸軍がその前年に起こった国境紛争である張鼓峰事件の経験を少しも役立てていないと失望した。先例の研究が重要であることは、軍に限ったことではない。同じ相手との武力衝突の先例について反省も研究も十分なされていないことが、天皇の耳にまで達したわけである。これは日本陸軍の抱えていた問題の深さを端的に示している。

困り果てた当時の板垣征四郎陸軍大臣が、五相会議（総理大臣、外務大臣、大蔵大臣、陸軍大臣、海軍大臣を構成員とする当時の最高国策決定機関）の場で、外交による解決を有田八郎外務大臣に申し入れたのが七月一七日だった。しかし、いかに陸軍中央部が停戦を望んでも、現地軍は執拗《しつよう》に戦争を続け、被害を拡大させていったのであった。

板垣陸軍大臣の依頼を受けて、外務省は外交交渉による解決に邁進するが、そのためにも対ソ情報収集を従来以上に強化する必要があった。そこで、それまで養成してきた五人の対ソ問題のエキスパートたちをソ連の周辺国に放つことになる。その一人が杉原であった。

ロシアのロマノフ王朝の紋章は「双頭の鷲《わし》」を象《かたど》り、ヨーロッパとアジア両方を睨《にら》むことを表す。ソ連もアジアとヨーロッパに跨《また》がった大国であることを見逃してはならない。ヨーロッパにおける日本外交官の動きと極東の国境紛争を結びつけた渡辺氏の指摘は的を射ていると言えよう。

五人のソ連問題エキスパート

この時に派遣された五人について調べていくと、さらに興味深いポイントに気づく。少々煩雑《はんざつ》になるが、杉原以外の四人について、名前、経歴、そして七月二〇日付で命じられた任地と官位を確認してみよう。

島田滋《しげる》、一八八五年生まれ。東京外国語学校露語科に進み、卒業後外務省書記生試験に合格、一九〇七年外務省入省。ロシア、ソ連各地に在勤し、一九三二年より在ソ連大使館書記官。一九三九年七月二〇日、公使館一等書記官に任ぜられ、ラトヴィア国在勤（エストニア国およびリトアニア国兼勤）、そしてエストニアの首都タリンに出張し、同地に外交官事務所を開き、駐在することを命ぜられた。

太田《おおた》日出雄、一八九六年生まれ。慶應義塾大学商業外交英語専修科を卒業後、杉原より一年前に外務省留学生試験合格。ハバロフスク、ウラジボストークなどでロシア語を学び、一九二二年に外務書記生。ニコラエウスク、ハルビン（一九二六年から一九二九年まで杉原とハルビン勤務が重なる）など極東ソ連領ないしは満洲勤務を経て、一九二九年に在ソ連大使館勤務。駐ノヴォシビルスク副領事、再度在ソ連大使館勤務を経て、一九三九年七月二〇日に公使館三等書記官としてラトヴィア国在勤（エストニア、リトアニア兼勤）を命ぜられた。

本多隆平、一八九六年生まれ。東京外国語学校露語科卒業。一九二二年に外務書記生として入省。陸軍の北樺太派遣軍に一九二五年まで兼勤。ハバロフスク在勤、通商局第二課勤務を経て、一九三二年、在ソ連大使館に勤務した。一九三四年より満洲ないしは極東ソ連領に勤務。一九三九年七月二〇日に、在ソ連大使館の一等通訳官に任ぜられた。

後藤安嗣《やすつぐ》、一八九八年生まれ。東京外国語学校露語科本科卒業後、在京ロシア大使館の通訳を経て、一九二一年外務通訳生。極東地方の勤務が続き、一九二五年、日ソ国交回復の年にオデッサに在勤、極東だけではなく、ソ連のヨーロッパ地域にも勤務の経験を有す。通商局第二課勤務を経て、再び極東各地で勤務し、一九三七年には在ポーランド公使館在勤。一九三九年七月二〇日に、副領事としてポーランド東部のルヴィウ（現在はウクライナ。ポーランド語ではルヴフ。ロシア語ではリヴォフ）へ派遣された。

このように並べてみると、ノンキャリアのロシア語専門家をよく五人も動員したものだと思う。当時の日本外務省が対ソ情報のプロを熱心に養成しており、彼らを一斉に派遣したことから、有田外務大臣をはじめとする日本外務省がノモンハン事件の解決に向けていかに熱意を傾けていたかがよくわかる。

これら四人と比べてみると、経歴上、杉原がいささか見劣りするように見えなくもない。それは、杉原が最年少ということもあるが、四人中三人までが東京外国語大学でロシア語の修練を積んだ上で外務省入りしているという点だ。

例外は太田である。彼も外務省留学生としてロシア語を学んでいるので、その点では杉原に近いが、太田は杉原と違い在ソ連大使館勤務が長い。島田も本多も在ソ連大使館勤務の経験があり、後藤にしてもオデッサでソ連のヨーロッパ地域の勤務を経験している。

それに対して、杉原は在ソ連大使館への赴任を拒否されたため、ヨーロッパ地域ソ連に勤務した経験はない。それにもかかわらず、なぜこの時「精鋭部隊」の一人に加えられたのか。

なぜカウナスなのか

ヒントは、彼の赴任地リトアニアのカウナスにあると思われる。先に述べたように、当時外務省も陸軍参謀本部もエストニアとの対ソ情報面における協力関係には積極的だった。しかし、リトアニアは、少なくとも対ソ情報に関する協力では、パートナー候補とは見なされていなかった。ソ連と国境を接しておらず、特に懸案もなかったからだ。

一九三七年のラトヴィア公使館によるエストニア、リトアニア両国兼轄の主要な目的は、対ソ情報面でのエストニアとの協力強化であった。この段階では、リトアニアについては、ポーランドないしはドイツとリトアニアの関係が領土問題をめぐって悪化したさいに、リトアニア当局とスムーズに交渉するためという緊急性の乏しい理由が

カウナス領事館（現・杉原記念館）

主であった。それ以外には、バルト三国の中でリトアニアだけを外すことは、先方の感情を損なう危険性があるという儀礼上の理由がある程度であった。

第一次世界大戦後、国際連盟の常任理事国の一国であった日本は、ヨーロッパにおける複雑な国境問題に関して結ばれた多数の条約の保障国であった。そのため、ポーランドとの間にヴィリニュス問題を、ドイツとの間にクライペダ問題を抱えるリトアニアとは無関係でいられなかったことは事実だ。だが、杉原たちに異動命令が出された一九三九年七月二〇日の時点においては、既にヴィリニュス問題も、クライペダ問題もリトアニアにとっては不満足な形ではあるが、解決済みであった。

ヴィリニュスにはポーランド系住民が多数在住していたため、国際連盟がリトアニア領有を支持していたにもかかわらず、ポーランドが実質的に支配していた。これがヴィリニュス問題であり、このため、両国の国交は途絶えていた。一九三八年三月一一日にポーランドの国境守備兵がリトアニア領内でリトアニア兵に射殺される事件を機に事態は大きく展開した。ポーランド側は、リトアニアに対してヴィリニュスのポーランド領有を認めた上で、即座に国交を回復することを要求し、ヴィリニュス問題の解決を強硬に迫ったのだ。

リトアニアは、国際連盟またはイギリスやフランスなどの大国による介入を期待した。しかし、同一三日、ドイツによるオーストリア併合という大事件が起こったので、世界中の耳目はオーストリアに集中し、ヴィリニュス問題へ積極的に関心を示す国は皆無であり、リトアニアはポーランドの要求を容《い》れざるを得なかったのであった。

ヴィリニュスがポーランドに支配されたため、カウナスは仮の首都とされていた。現在でもこの地に第一次世界大戦後に造られた独立記念碑や平和記念碑が存在するのは、このような歴史的背景があるからである。

クライペダ問題とは、バルト海に面した港を含むクライペダ地域が第一次世界大戦前にドイツ領であったことに起因する。第一次世界大戦後、国際連盟によりリトアニア領と認められたが、一九三〇年代に入ると、ドイツによる旧領土返還要求の対象の一つとなった。

一九三九年三月一二日、ローマ教皇ピウス一二世の戴冠式《たいかんしき》に出席したリトアニアのユオザス・ウルブシス外務大臣は、帰路ドイツに立ち寄り、リッベントロップ外務大臣と会談した。このさいにクライペダの問題が俎上《そじょう》に載せられた。リッベントロップは、クライペダの治安が悪化し、いつドイツ系住民の血が流れることになってもおかしくない、そのような事態が起こった場合には、直ちにドイツ軍がリトアニアに進駐すると恫喝《どうかつ》した。リトアニアにとって唯一《ゆいいつ》の活路は、クライペダのドイツへの割譲であると決めつけた。

ウルブシスはいったん帰国し、政府とも相談した。リトアニア政府は、ドイツに抵抗することは不可能と考え、この地の割譲にやむなく同意し、三月二二日クライペダ割譲に関する条約が締結されるに至った。

同年五月に、ウルブシスはベルリンでヒトラーと会見したが、その席でヒトラーは、ドイツがいかに平和を熱望し、隣接諸国との友好関係維持に努力しているかを説いた。しかし、話題がクライペダに及ぶと、クライペダは第一次世界大戦の結果不本意ながら放棄した地域であり、今や大国としての地位を回復したドイツとしては、この問題を放置したままにするわけにはいかなかったと語った。

このように、リトアニアをめぐる領土問題は解決済みであり、それらへの対応を重視して外務省がカウナスに領事館開設を決定したとは考えられない。また、対ソ情報収集の観点からの重要度も必ずしも高くなかった。一番重要視されたエストニアには、最年長で経験豊富な島田を派遣することとし、最年少で実力も未知数だが、対ソ問題担当官としての有望株であった杉原をカウナスに派遣し、対ソ情報収集の経験をさらに積ませることを考えたのではないかと思われる。また、いざとなれば他の公館の応援に派遣できることも視野に入れて「運命の地＝カウナス」に送ったのではないだろうか。

本当に運命とは、皮肉なものだ。「精鋭部隊」の中では、比較的問題の少ない地域に派遣されたはずの杉原が、こののち最も困難な問題に直面し、苦労したのだから。

第五章　リトアニア諜報網《ちょうほうもう》

防共という魔力

ナチス・ドイツ――。限りない悲劇を全世界にまき散らし、人類史上稀《まれ》に見る「負の存在」だったことに異論はあるまい。

ナチス・ドイツが標榜《ひょうぼう》した政策の一つに「反共産主義」があった。日本が不幸にしてドイツと手を結んだ理由の一つが、この「反共産主義」を共有できるとして信頼したことにあった。

外務省に残る記録を確認した範囲では、両者の間で「反共産主義」が話題に上ったのは、一九三四年四月一八日、永井松三駐ドイツ大使がノイラート外務大臣と会見した時が最初のようだ。ノイラートは、第一次世界大戦時の日本によるドイツへの仕打ちを非難した。彼の目には、当時の両国間に戦争にまで訴えざるを得ないほど深刻な利害関係は存在しなかったと映った。にもかかわらず、連合軍側に加わりドイツを攻撃した行為をなじったのだった。

これに対して永井は、過去の問題はともかくとして、最近では両国関係が良好化しつつあるように思えると述べた。ノイラートも態度を和らげ、ヒトラー内閣が成立し、その指導精神が日本のそれに近いためではないかと話を合わせた。永井は、今や世界でボルシェヴィズムの脅威に対して「東の防波堤」を日本が、「西の防波堤」をドイツが果たしているとの観測を示すと、ノイラートもそれには同意したのだった。

同年五月七日には、ゲーリング航空大臣が同じように述べている。ゲーリングと言えば、ナチス党草創期からの生え抜きのヒトラー側近であり、戦後ニュルンベルク裁判で死刑判決を受けた人物だ。そのゲーリングが、永井大使主催の宴席のさいに、二人だけで話し合いたいと言い出した。別室に移ると、ドイツがヨーロッパにおける共産主義の防壁として努力しているので、アジアにおける日本の協力が必要であることを力説した。

ヒトラー自身も、一九三六年八月に、今後四年のうちに戦争遂行能力を準備する必要を訴えた「四カ年計画覚書」をまとめ、その中で「そもそもドイツとイタリア以外では、ただ日本のみが世界的脅威であるボルシェヴィズムに対抗している国家とみなしうる」と、反共産主義を共有できる数少ない国の一つとして日本の名を挙げたほどであった。

日本にとっても、ソ連がヨーロッパ諸国と良好な関係を築き、西方国境が安定することによって対日圧力を増強することは脅威であった。そのため、フランスやイギリスに対するソ連の工作を、過剰なまでに危惧《きぐ》していたことは前述のとおりである。ドイツと日本の利害関係は一致し、一九三六年一一月二五日の防共協定締結、そして翌年にはイタリアも加えた三国防共協定へと拡大した。

その後ドイツ側は防共協定を、ソ連、イギリス、フランスを仮想敵とした同盟関係に発展させることを提案してきた。一九三九年一月に成立した平沼騏一郎内閣は、五相会議を六〇回以上にわたって開催し、三国同盟問題について協議を続けたが、板垣征四郎陸軍大臣のみが賛成し、他の大臣たちは反対していた。

中でも、有田八郎外務大臣は、日独防共協定締結当時の外務大臣であったにもかかわらず、イギリス、フランスを仮想敵に加えた軍事同盟には徹底的に反対した。そのため、陸軍の若手から「同盟に賛成すればお前を総理大臣にしてやるが、あくまで反対し続けるならば命はないものと思え」と脅迫されたほどだった。

日本とポーランドだけが不利益を

同年八月二三日、突如ドイツとソ連間の不可侵条約締結が発表されると、日本だけではなく、世界各国が驚愕《きょうがく》した。当時、日本の在外公館から続々と送られてきた各国紙の狼狽《ろうばい》ぶりを伝える電報をいくつか紹介しよう。

「独ソ不可侵条約締結の報道は青天の霹靂《へきれき》の感あり」（駐イギリス重光大使）

「欧州全局にとって最も重大な結果をもたらすべき大転機」

（駐アメリカ堀内謙介大使）

「ソ連が他国間の戦争を望むのは以前からの政策であり、ソ連に期待をかけたのは誤り」（駐フランス宮崎勝太郎臨時代理大使）

「本協定締結は要するにドイツがソ連の実力を認め、これに降伏したもの」

（駐ベルギー来栖大使）

「当初はソ連側が発狂したか、またはソ連の四月一日ではないかと驚いた」

（駐ラトヴィア大鷹正次郎公使）

一時の驚愕が過ぎると、冷静さを取り戻した各国紙が、この条約締結の影響を分析し始め、最も不利益を被る《こうむ》ことが予想される国として二国の名前が挙がった。一国は、後述するように、この後独ソ両国により分割されることとなるポーランドだったが、もう一つ挙げられた国は他ならぬ日本であった。

この頃、日本は日中戦争のさなかであり、諸外国が中国を援助することを何とか阻止したかった。その中国とソ連の間には、一九三七年八月二一日に不可侵条約が結ばれていたので、ソ連は中国の友好国であった。ソ連がドイツと不可侵条約を結んだことにより西方の不安材料を解消することができたので、日本としてはソ連による中国援助の強化が懸念《けねん》された。また、中国国内では、日本が友好国ドイツに裏切られ、孤立したと盛んに喧伝《けんでん》された。

日本国内の反響も大きく、二三日当日には対欧州政策を白紙還元することで陸海軍の間で意見が一致した。二五日には閣議において日独伊三国同盟交渉を中止することが正式決定された。そして、二八日、平沼総理大臣はついに「欧州の情勢複雑怪奇なり」の声明を発して内閣を投げだした。独ソ不可侵条約は、各国に様々な影響を及ぼしたが、内閣が総辞職したのは日本だけであった。

この「複雑怪奇声明」と内閣総辞職に異を唱えたのが、有田外務大臣であった。曰《いわ》く、この声明は外務大臣としては困る。われわれが三国同盟に反対して来たからこそ、ドイツの正体が現れ、信用に値しないことが明らかになった。これを外交の失敗とは思えない。したがって外交上の理由で辞めることには賛成できない――。

だが、平沼の決意は変わらなかった。

杉原一家のカウナス到着

この八月二八日は、杉原千畝一家がカウナス駅に到着した日でもあった。おそらくヘルシンキを発《た》ち、カウナスまでの道中で独ソ不可侵条約締結の報に接したことであろう。到着当日に本国では内閣が総辞職し、国際環境も日本の内政も激変してしまったという奇《く》しきタイミングであった。

赴任地リトアニアの隣国ポーランドが風前の灯といってよいほど危険な状態であることを、彼の明敏な頭脳は理解していたに違いない。ポーランドに日本大使として赴任していたのは、かつての上司であり、公私ともに重用してくれた酒匂《さこう》だった。ヘルシンキ在勤時には単身赴任であったが、危機迫るワルシャワには夫人同伴で赴任していたことも心配の種であった。

家族、かつての上司とその夫人、そして日本外交の行く末と、多方面にわたる不安を抱えてのカウナス到着であった。

国内では、後任総理大臣の選考が大急ぎで行われ、当初近衛《このえ》文麿《ふみまろ》、広田弘毅、宇垣一成などの名前が挙がった。しかし、それぞれ辞退ないしは強い反対意見が出るなどの事情により、三人全《すべ》て候補から外れ、結局最も「無難」とみなされた陸軍大将・阿《あ》部《べ》信行《のぶゆき》に落ち着いた。この阿部総理大臣の時に外務大臣を外交官から選ばず、対米関係重視の観点から米英に知己が多い海軍大将・野村吉三郎《きちさぶろう》を選んだことが日本外交の一つの誤りだったように思えてならない。

この時期の『東京朝日新聞』には、後任外務大臣候補の筆頭に重光駐イギリス大使を、第二候補に東郷駐ソ連大使を挙げている。ところが、阿部は「どうも外務省になかなか人がいない」として野村を選んだのであった。

戦後、一九五一年頃のことだが、当時の吉田茂総理大臣は、外務省の若手課長クラスに、満洲事変から日中戦争を経て太平洋戦争敗戦へと至るまでの日本外交の問題点を調査し、後世の参考用にまとめることを命じた。それが今日「日本外交の過誤」という調書として残っている。

この調書は、独ソ不可侵条約の問題について、平沼内閣が「複雑怪奇」の声明を残して辞職し、三国同盟の議論はいったん打ち切られたが、「それだけですますべきことだっただろうか」と、疑問を投げかけている。「今にして思えば、この独ソ不可侵条約の締結と欧州戦争の勃発《ぼっぱつ》は、日本が独伊と袂《たもと》を分かって独自の道に帰るべき絶好の機会であった。それには国際信義の上からいっても十分理由のあることである」との反省が記されている。

戦後にまとめられた調書ゆえに、「歴史の後知恵」があることを忘れてはいけない。だが、独ソ不可侵条約という手痛い裏切りを受けたこの時から、翌年ドイツの快進撃により再びその力に幻惑されるまでのわずかな期間、日本外交が理性を取り戻す好機が存在したことも事実である。

そのような難局にあたっては、気骨に溢《あふ》れ、経験豊富な外務大臣が選ばれる必要があり、重光こそ適任であっただろう。駐ソ連大使、駐イギリス大使を務めた経験からヨーロッパ事情に精通し、何よりイギリス政府関係者から強い信頼を寄せられていたからである。元老西園寺《さいおんじ》公望《きんもち》も「最近在外の大使たちの電報の中で、やはり重光の電報は一番筋が通っているように思うが、あれはやっぱりいいな」と絶賛していた。

「歴史にイフは禁物」であることは常識以前だが、その後の日本の悲惨な歴史を考えると、幻に終わった重光外務大臣就任が悔やまれてならない。

奇しき日ポ関係

杉原千畝の謎《なぞ》を解いていくさいに、ポーランドは忘れてならない重要な国である。中部ヨーロッパの大国にして、複雑な歴史とショパンの名曲に代表される豊かな文化をもつ国、ポーランド。この国と日本との間に、日露戦争の頃から第二次世界大戦期にかけて、様々な交流が存在したことはあまり知られていない。しかし、両国の親密な関係を無視しては、杉原ヴィザの意義も、インテリジェンス・オフィサーとしての活躍のディテールも明らかにできないのである。

日本研究の長い伝統を有するワルシャワ大学日本語学科のエヴァ・パワシュ＝ルトコフスカ教授と、リトアニア生まれのポーランド人アンジェイ・T・ロメル氏の共著による労作『日本・ポーランド関係史』（柴理子《しばりこ》訳）などを参考にしながら両国の交流史を眺めてみたい。

日本人のポーランド観を語るさいに、旧日本軍軍歌の一曲「波蘭《ポーランド》懐古」（作詞＝落合直文、作曲者不詳）という曲がよく引用される。その第四コーラスには、

「さびしき里にいでたれば　ここはいづことたづねしに

聞くもあはれやそのむかし　亡《ほろ》ぼされたる波蘭」

とある。この曲は、陸軍軍人福島安正少佐（後に参謀次長、陸軍大将）が、在ドイツ公使館付武官の任を終え帰国時、ポーランド、ロシア、シベリアなどを単騎旅行したことを題材としている。特に、ロシアなどによって分割され、地図上から国名が消えたポーランドに対し、明治期の日本人たちが同情の念を抱いていたことが興味深い。

両国間に友情が芽生えたきっかけは、まず日本側がつくった。一九〇四年から翌年まで続いた日露戦争のさいに、日本軍によって多くのロシア軍兵士が捕虜になったが、日本政府が国際法を遵守《じゅんしゅ》して捕虜を厚遇したことはよく知られている。中でも、ロシア軍に徴用され、戦場で捕虜となったポーランド人兵士は、ロシア人捕虜と一緒に収容すると虐待《ぎゃくたい》される恐れがあり、日本政府は、ポーランド人だけを集め、ロシア人とは別に収容するという気配りを示した。

駐ポーランド大使を務めた兵藤長雄《ひょうどうながお》大使の回想も興味深い。第二次世界大戦後間もない時期に外務省に入り、イギリスに留学したが、まだ大戦の余韻が残り、対日感情も悪い中、一人の教官だけが大変親切にしてくれたそうだ。なぜここまで親切にしてくれるのか不思議に思ってわけを尋ねると、その教官はポーランド生まれで、日露戦争に従軍を余儀なくされた父親が日本軍の捕虜となり、日本人から大変親切に遇されたことが理由だったという。

ロシア革命のさいも、日本側はポーランドとの友情を深める行動をとった。当時シベリアには、ロシア政府に刃向かったため、政治犯として流刑《るけい》の憂《う》き目《め》に遭ったポーランド人が多数住んでいた。彼らを追ってきた家族も含めて、ポーランド系住民のコミュニティーが存在したほどであった。ところが、ロシア革命が起こると、危険分子と目されたポーランド人に対する虐殺が頻発し、その結果、孤児となった多数の児童が生命の危機に陥った。

事態を憂慮したウラジボストーク在住のポーランド人たちは、児童救済委員会を組織して各国に救援を要請した。日本に対しても同委員会の中心人物であったアンナ・ビエロキェヴィチ女史が来日し、一九二〇年六月一八日に外務省を訪れた。当時の埴《はに》原正直《はらまさなお》外務次官は、直ちに日本赤十字社へポーランド孤児救出を依頼した。

外務省、日本赤十字社、陸海軍、内務省の連携は迅速に行われ、ビエロキェヴィチ女史の訪問からわずか一月後の七月二〇日には、孤児たちの第一陣がウラジボストークから日本船に乗り、福井県の敦賀《つるが》港に向かった。

この救済活動により合計七六五人の児童たちが救われたのであった。しかも、チフスなどの病に冒されていた児童も日本で治療を受け、すっかり回復して全員無事にポーランドへ帰って行った。一方で、献身的に児童の看護にあたった若き日本人看護婦松澤フミが、チフスに感染して帰らぬ人となった。

それから約二〇年後、杉原千畝からヴィザを発給された避難民たちの大部分が上陸した港も敦賀であった。現在、この二つの出来事を記念して、「人道の港 敦賀ムゼウム」（ムゼウムはポーランド語で資料館の意味）が開設され、多くの人々が訪問している。

この一九二〇年当時は、共産主義を堰《せ》き止めるなどの目的から、日本によるシベリア出兵の最中《さなか》であった。出兵の逆の側面として、ソ連に虐待されるポーランドに肩入れする政治力学が働いたということも否定できない。とはいえ日本のポーランド支持の姿勢が、近代史を貫いていることは疑いもない事実である。

ポーランド分割、そして抵抗

ポーランドから日本に好誼《こうぎ》を示された例も多数あるが、特筆すべきは、日本の国際連盟脱退後、ヨーロッパの国際情勢などに関する情報提供であった。重要な「情報収集の場」を失った日本に対して、国際連盟総会などで何が討議され、その背景に何があるかなどを懇切に教えてくれたのは、ベック外務大臣を筆頭としたポーランドの外交当局であった。

そのポーランドは、戦間期、非常に複雑な国境線を有していた。西方にドイツがあり、ポーランド回廊と呼ばれる細長いポーランド領が続き、国際連盟により自由市とされたダンチッヒ（ダンチッヒはドイツ語で現在はグダンスク）をはさんで、ドイツの飛び地である東プロイセンが存在した。ポーランド領の中にドイツ領がある形であった。

現在独立国であるベラルーシやウクライナの一部が当時はポーランド領であった。ロシア系住民が多く、後にソ連がポーランドに侵攻する口実に使われることになる。

このように戦間期のポーランドは、ドイツ、ソ連両大国の間で独立を維持することに腐心していたのであった。

独ソ不可侵条約は、日本に対するドイツの背信行為であるだけではなく、ポーランドにとっても大問題であった。それまで、独ソ両大国の間で何とかバランスをとっていたポーランドだが、同条約の締結により、ドイツはソ連の介入を心配せずにポーランドに対して領土的要求を突き付けてくることが予想された。その結果、戦争に発展することを危惧するベック外務大臣の苦悩を、酒勾大使はたびたび本国に報告した。

当時日本に駐在していたポーランドのタデウシュ・ロメル大使が、この時期、赤穂浪士が祀《まつ》られている芝高輪《しばたかなわ》の泉岳寺に参詣《さんけい》したことが『東京朝日新聞』に掲載されていることも興味深い。現在では、寺社詣《もう》でなど何を呑気《のんき》なことをと疑問に感じる読者も多いだろう。ロメル大使としては、赤穂藩の危機に敢然と立ち向かった四十七士が祀られる寺に詣でることにより、彼の祖国ポーランドの危機的状況を日本人に訴えたかったに違いない。日本人のポーランドへの関心を喚起しようとした精一杯のパフォーマンスであったのだろう。

ポーランドは、その国名が平らな土地を意味するように、国土のほとんどが平地であり、自然の要害に乏しく、外敵の侵攻を防ぐことが難しかった。しかし、誇り高いポーランド市民たちは、ドイツ軍が侵攻してきても、湖沼《こしょう》地帯におびき寄せることで持久戦に持ち込めると踏んで意気軒昂《けんこう》であったと酒勾大使は報告している。イギリス、フランス軍が助けに来てくれると期待しての判断であった。

だが、ポーランド人たちは、二つの点を見落としていた。まず、ドイツ軍の機動性である。ドイツ軍は、一九三九年九月一日に開戦すると、航空機と陸上部隊が互いに協力し合ういわゆる電撃戦を展開した。これに対して旧式な飛行機や火砲しか持たないポーランド軍は、各地で敗走を重ね、ドイツ軍はたちまちポーランド領の奥深くまで侵攻した。

いま一つは背後のソ連であった。突然ドイツと示し合わせたようにソ連軍が襲ってきたのだ。ソ連は、九月一五日に日本とノモンハン事件の停戦協定を結び、東方の安定を確保すると、一七日にはポーランド領であったウクライナやベラルーシに侵攻した。モロトフ外務人民委員は、この侵攻の理由をあくまでウクライナやベラルーシに住む「兄弟たち」を救うためとした。これらの地域にロシア系住民が多数在住していたことは先に述べたとおりだが、当時の『東京朝日新聞』には「住民は反ソ気分」と、ソ連軍は必ずしも歓迎されていなかったことが報じられている。

二〇〇三年の夏、筆者は初めてワルシャワを訪問し、市内の名所をエヴァ・パワシュ＝ルトコフスカ教授の案内で巡り歩いたのだが、造られたばかりだという不気味なモニュメントが印象に残った。線路に一台の貨車が置かれ、その貨車には多数の十字架が載っているのだ。モニュメント中央にはソ連が侵攻してきた一九三九年九月一七日の日付、線路には多くの東方の地名が刻まれている。ソ連軍の侵攻により多くのポーランド人が東方に連れ去られ、命を落としたこ

ワルシャワ市内の第二次大戦下のソ連侵攻に関するモニュメントの中央部

とを象徴しているのだ。今日なお薄れることのないポーランド人の怒りを表現しているのである。

九月中にはワルシャワが陥落、ドイツ、ソ連両国間にポーランドの分割協定が結ばれたのは九月二八日であり、ポーランドは分割されてしまった。しかし、ポーランド政府が降伏することはなく、パリに、やがてはロンドンに亡命政府を設け、ポーランド人たちは様々な形での抵抗を続けた。

そのような活動が、やがて杉原とも関係してくるのである。

ソ連の下心が巡り巡って

外交史料館所蔵史料の中に、杉原千畝の「ヴィザ・リスト」と呼ばれる史料がある。カウナス在勤中にヴィザを発給した人々の名前が記されていて、杉原関係の代表的な史料の一つに挙げられる。

かつて、杉原の「ヴィザ・リスト」は、ワシントン、ヒューストン、イリノイのホロコースト・ミュージアムに貸し出し、各地で展示されたこともある。

ここで、前提作業として、そもそもヴィザ・リストは、どのような理由で作成されるようになったのか、その点を確認しておきたい。

一九三七年五月三日、佐藤尚武《なおたけ》外務大臣より全在外公館長宛《あて》に次のような指令が送られた。

曰く、外国人の日本への入国取り締まり上必要なので、在外公館で外国人に対しヴィザまたは渡航証明書を発給した場合には、日付順に番号を付けて本年（一九三七年）四月一日以降の分から毎年三月末、六月末、九月末、及一二月末の四回に分けて、三カ月分をひとまとめにし、翌月の一〇日迄《まで》に本省に報告するように、これは該当者がいない場合でもその旨《むね》を報告するように——。

この指令の意図するところは、欧州から日本を訪問する人々の情報を把握するためではなかった。なぜなら、当時日本は大多数の欧州諸国とヴィザの相互免除の取極めを結んでいたからである。取極め実施順にベルギー、スイス、フランス、イタリア、リヒテンシュタイン、オランダ、スペイン、ドイツ、スウェーデン、デンマーク、フィンランド、ノルウェー、オーストリア、アイスランド、エストニア、リトアニア、チェコスロヴァキア、ラトヴィア、ハンガリーであり、例外はイギリスとソ連の二カ国ほどであった。

そのため、欧州諸国からのヴィザ等発給報告書を集めたファイルの第一巻は、イギリスとソ連からの報告を除き、ほとんどが「該当者なし」で、三カ月毎《ごと》の報告も必ずしも守られていない例が散見される。ちなみに、在フィンランド公使館からの報告書には、発信者が「臨時代理公使杉原千畝」となっている例も一通残っている。『六千人の命のビザ』に杉原が臨時代理公使を務めたとの記述があるが、本報告書は幸子夫人の記述の正しさを証明している。

いずれにせよ、佐藤大臣からの指令が下された段階では、少なくとも欧州に関しては、ヴィザ・リストを作成する意味はほとんどなかったと言って過言ではない。それではなぜ先のような指令が送られたのであろうか。

この時期、中国および満洲国各地の公館では、多数の「無国籍露国人」に日本への渡航のためのヴィザや渡航証明書が発給されているのだ。それゆえに、本来の目的は、それら「無国籍露国人」＝白系露人たちの動向を探ること、特に、ソ連からの諜報者《ちょうほうしゃ》が混じっていないかを確認することであったのだ。およそ半年前に日独防共協定が締結されており、それにともなう日本側の入国管理強化策の一環だったのではないかと推測される。

第二次世界大戦の勃発は、状況を一転させた。ヴィザの相互免除は、有名無実となり、多くの在欧州の公館でもヴィザ・リストが作成されたのであった。杉原のカウナス在勤時のヴィザ・リストはその一つである。そして、欧州諸国からのヴィザ等発給報告書を集めたファイルの第二巻は、第二次世界大戦下の欧州における日本の在外公館のヴィザ発給状況を詳細に今日に伝えているのである。

イリノイ・ホロコースト博物館（シカゴ近郊）の教育委員長を務めるリチャード・サロモン氏が同博物館の開設にあたり史料の借り出しのために来日したさい、同リストをしげしげと眺めていた姿は記憶に新しい。「この名前は私の父です。これは叔父、これは従兄弟《いとこ》」と説明し、しばし絶句しつつ、涙を浮かべながら、しみじみと「杉原がいたから私たち一家がいるのです」と語ったことは、特に印象的であった。サロモン氏は両親がアメリカ到着後に生まれたそうだが、この世に生を享《う》けたのも、杉原のヴィザ発給ゆえに他ならない。

このように多くの人々を救った貴重な記録には、二一三九人の人々につき、通し番号、国籍、名前、入国ヴィザか通過ヴィザかの区別（このリストに記された全員が通過ヴィザ）、発給日、査証料（リトアニアの通貨で二リタス）が記されている。一般的に杉原は、六〇〇〇人の命を救ったと言われるが、二一三九人がなぜ六〇〇〇人に膨れあがるのかについては後述するとして、ここでは国籍欄に注目したい。

リストの国籍欄を見て「ユダヤ人なんて一人もいないじゃないですか。杉原さんは、大勢のユダヤ人を救ったのではないですか」と尋ねる方も少なくない。ユダヤというのは、民族名であり、様々な国にユダヤ系住民が暮らし、それぞれの国の国籍を持っているわけだ。

第二次世界大戦前にヨーロッパで最も大勢のユダヤ系住民が暮らしていた国がポーランドであった。その数は三〇〇万～四〇〇万人と言われる。そのポーランドがドイツとソ連に分割されたので、隣国リトアニアに逃れた者が多数に上り、その中にはユダヤ系住民も多く、結果的に杉原が救った人々の多くはユダヤ人だったということになる。

ヴィリニュス問題が、ポーランド系避難民の脱出に大きな役割を果たしたことは、まさに運命のいたずらであった。第一次世界大戦後ヨーロッパで多数の国が独立して以来、様々な国境紛争が生じたが、ポーランド・リトアニア間に起こったヴィリニュスをめぐる対立もその一つであった。

ヴィリニュスは、中世にリトアニアの領土を東方へ拡大したことで知られるゲディミナス大公が築いた街だ。リトアニアの首都に定められたのは、一三二三年であり、日本で言うと鎌倉時代の末期にあたる。ヴィリニュスの丘で大公が野営したさいに、鉄の鎧《よろい》をまとった狼《おおかみ》が吠《ほ》える夢を見て、それを吉兆ととらえ、その丘を中心に街を開いたという伝説が残っている。そのため、ヴィリニュスでは鎧をまとった狼の土産物が売られている。

第一次世界大戦後、リトアニアとポーランドの間にヴィリニュスをめぐる領土紛争が生じ、両国間の国交が一時絶えていたことは先に述べたとおりだ。

現在のヴィリニュスには、ポーランド系、ロシア系、ウクライナ系など多数の民族が共存している。「ヴィリニュスのリトアニア人の数は、シカゴのリトアニア人より少ない」と冗談半分に言われるほどだ。多民族が平和共存するモデル・ケースを示していると言えよう。

第二次世界大戦が勃発し、ポーランドがドイツ・ソ連両国によって分割されると、ヴィリニュスはソ連の占領地域に含まれることになった。ソ連は、リトアニア人の領地であるヴィリニュスの返還を自ら申し出た。だが、その申し出には恐るべき下心が隠されていた。

ポーランドの分割終了後、ドイツはしばらく鳴りを潜め、西部戦線には「奇妙な平和」と呼ばれる状況が続いた。しかし、ソ連は独ソ不可侵条約の秘密条項に基づきバルト三国とフィンランドに手を伸ばし始めた。フィンランド問題は後述することにするが、バルト三国に対してはポーランド分割前後から併合へ向けての第一段階として、各国との間に相互援助条約を結び、それぞれの国に軍隊を常駐させる権利を獲得した。これは、「バルト三国への第一次進駐」と呼ばれる。

最初に標的になったのはエストニアであった。ポーランドの潜水艦がエストニアへ逃げ込んだ事件があったので、エストニアは三国の中で最も弱い立場にあった。対ポーランド侵攻からわずか一週間後の一九三九年九月二四日、ソ連はセルター外務大臣をモスクワに呼びつけて、潜水艦問題を非難し、二八日にはエストニア国内にソ連海軍の根拠地を構築することなどを承認させた相互援助条約締結に成功したのであった。

次に槍玉《やりだま》に挙がったのがラトヴィアだが、エストニアの場合と異なり、特段の非難材料はなかった。にもかかわらず、一〇月二日にムンテルス外務大臣をモスクワに呼びつけ、ラトヴィア国内にソ連の海軍根拠地や飛行場などを設けることを認めた相互援助条約の締結を強要した。ラトヴィア政府は、抵抗するすべもなく同月五日調印に応じた。

残るはリトアニアである。先述のウルブシス外務大臣の回想を参照しながらその経緯を見てゆこう。一〇月三日にモスクワに呼ばれた彼は、ヴィリニュス返還を仄《ほの》めかせるソ連に淡い期待を抱いていた。彼の期待は当たっていたが、それは高い代償をともなっていた。当時のリトアニアは、先に述べたようにクライペダをドイツに奪われたため、海岸線を全く領有していなかったので、海軍の根拠地こそ求められようもなかったが、ソ連はリトアニア国内の特定地域に軍隊を常駐させることを要求した。

　ウルブシスは驚きのあまり「これではリトアニアの占領ではないですか」と叫んだ。しかし、スターリンとモロトフ外務人民委員は薄ら笑いを浮かべながら、この軍隊はリトアニアが攻撃を受けた場合に、リトアニアの独立を守るものだと説明した。スターリンは、リトアニアに共産党の反乱が起きれば、ソ連の守備隊が反乱を鎮圧する手伝いをするとまで言うのだった。それでもウルブシスが抵抗すると、ドイツはリトアニアから領土を奪ったがソ連は逆に与えるのだと言い、全く相手にされなかった。

　ひとまず帰国したウルブシスは、政府と協議し、リトアニアに危機的状況が生じた場合に限りソ連軍のリトアニア国内への進入を認めるという代替案を提示するために、再度モスクワを訪問した。しかし、スターリン、モロトフともにリトアニアの申し入れを全く顧みず、一〇月一〇日、リトアニアとソ連の間にはヴィリニュス返還協定とともに相互援助条約が結ばれたのであった。

一瞬だけ開いた「命の扉」

杉原サバイバルの代表的人物の一人に、ポーランド系ユダヤ人の故ゾラフ・バルハフティクがいた。彼は、ワルシャワで弁護士をしていたが、身重の妻とともにリトアニアに逃れ、杉原発給のヴィザを携え日本を通過し、戦後イスラエルの宗教大臣になった。一九六九年にイスラエルを訪問した杉原へ、政府からの勲章を手渡したのは、かつて命を救われたバルハフティク宗教大臣その人であった。

彼は、ヴィリニュス返還協定について次のように批判した。

曰く、リトアニア人は、このトロイの贈り物がいかに危険な代物《しろもの》であるか認識できなかった。ソ連の本当の狙《ねら》いは、返還で大きくなったリトアニアを、そっくりそのまま頂こうということにあった――。

一九四〇年ソ連によりバルト三国が併合された事実を踏まえれば、彼の批判も一理ある。しかし、ウルブシスらリトアニア政府の関係者が必死になって、ソ連軍の常駐を回避しようとしたのは先に述べたとおりだ。

ヴィリニュス返還による最大の受益者は誰であったか。それは、リトアニア人でも、ソ連人でもなく、むしろ、バルハフティクたち避難民であった。ヴィリニュス返還の噂《うわさ》が流れると、ワルシャワからルヴィウへ逃れていたバルハフティクたちは、ヴィリニュスへと急いだ。返還前に辿《たど》り着けば、近い将来そこは中立国リトアニアになるのだ。

探し求めた「自由への扉」が一瞬だけ開かれるというわけだ。ルヴィウからヴィリニュスまでは二日間の満員列車による厳しい旅になったが、返還実施前に彼らは到着できた。このようにして、多数のポーランド系避難民たちが、ヴィリニュスに辿り着くことによりリトアニアへの脱出に成功したのであった。

だが、首都機能の移転は一朝一夕でできることではない。依然としてカウナスに政府官庁、諸外国の在外公館、さらに旅行会社などが集中し、バルハフティクを含む多くの避難民たちはカウナスに移り、杉原と巡り会うことになったのである。

ヴィリニュス市内のユダヤ博物館の杉原顕彰碑

リトアニア、ポーランド、そしてソ連との間で繰り広げられた領土問題がもたらした「一瞬」とも言うべき短期間（ヴィリニュス返還後、リトアニアは国境を閉ざした）だけ開いた「命の扉」から、多くの人々が逃れることが可能になったのだ。これほど「奇跡」という言葉にふさわしい出来事を筆者は他に知らない。

映画「カサブランカ」のように

国を失ったポーランド人たちであったが、彼らが抵抗を止《や》めたわけではなかった。それどころか、第二次世界大戦期を通じて最も激しくドイツとソ連に抵抗し続けた民族の一つがポーランド人であった。ドイツとイギリスの間で繰り広げられた「バトル・オブ・ブリテン」と呼ばれる航空機同士による激しい損耗戦において、ポーランド亡命政権に属する多くのポーランド人パイロットが、イギリス軍戦闘機を駆って多数のドイツ軍機を撃墜した等々、ポーランド人の勇戦に関するエピソードは多い。

課報面でも、ポーランド軍のインテリジェンス・オフィサーたちが暗躍した。その重要な拠点となったのは、当初カウナスであった。課報活動の拠点としての最適地は、敵国になるべく近い中立国ということになる。中立国であれば、この場合情報収集の対象であるドイツやソ連の関係者も活動しているので、彼らの周辺から情報を探ることも可能である。

この時代のカウナスは、世界的な諜報戦の主要舞台であった。当時の大統領官邸が今もカウナス市内に残っていて、杉原が赴任した当時のスメトナ大統領関係の展示物などが並んでいる。ちなみに、杉原に対してリトアニア国内で領事として活動することを許可した認可状は、スメトナ大統領の名前で発行されている。当時のカウナス地図に、各国の公使館や領事館があった場所を示して国旗が立てられている展示物が目をひいた。その旗の多さは、この街でいかに多数の国の外交官たちが活動していたかを彷彿《ほうふつ》させる。

カウナスの名門ヴィタウタス・マグヌス大学のアレクサンドラビチュス教授は、

カウナス市内の旧大統領官邸

「少しロマンチックな表現だが、当時のカウナスはヨーロッパのカサブランカのような街だった」と評した。ハンフリー・ボガートとイングリッド・バーグマン主演の名作映画「カサブランカ」を意識した表現だ。映画では、カサブランカの街に様々な国の人々がそれぞれの思惑をもって行き交う人間模様が鮮やかに描かれていた。カウナスは、まさに多様な国の人々が行き交う諜報の最前線だったのだ。

リトアニアは、ドイツ、ソ連両国と国境を接するので、時には情報将校たちを密《ひそ》かにそれら両国へ派遣することも不可能ではなかった。カウナスがポーランドの情報将校たちの重要拠点となったことは当然であった。

さらに彼ら情報将校たちにとって重要な利点があった。木の葉を隠すのは森の中――これは隠密《おんみつ》行動の鉄則であり、ポーランド人が歩き回っていても違和感がないという面では、多くのポーランド系避難民が押し寄せていたカウナスは格好の地であった。

我々日本人が見落としがちなことだが、宗教も重要だ。一口にキリスト教と言っても、カトリック、プロテスタント、ギリシア正教などに分かれ、バルト三国でもリトアニアのみがカトリックであることは先に述べたとおりだ。北からエストニア、ラトヴィアと旅をし、一番南のリトアニアに着くと街の雰囲気ががらりと変わる。さらにポーランド(ローマ教皇の座にあったヨハネ・パウロ二世もポーランド出身)まで行くと、街並がリトアニアに似通っていることに気づかされる。カトリック信仰に根ざした生活習慣の近さも、ポーランドの情報将校たちが紛れ込むために有利に働いたことが容易に推測される。

杉原諜報網の形成

このポーランド情報将校たちが杉原に接触してきたのだった。カウナスにおける杉原諜報網は、彼らポーランド情報将校たち抜きには語れない。

なぜこの段階で日本・ポーランド間にインテリジェンス面での協力が成立し得たのか不思議に思えるかもしれない。しかし、前述したように独ソ不可侵条約の締結は、日本側をしてドイツに対する不信感を強めさせたことを忘れてはならない。日本はヨーロッパにおける戦争から局外中立を宣言していたことに加え、以前からのポーランドとの友好関係も手伝って、情報面での協力の下地は存在した。

かつてハルビン時代の杉原には、外務省留学生の頃から築き上げた白系露人の人脈があった。新天地リトアニアにおいても、早急に新たな人脈を構築する必要に迫られていた。このような状況にあった両者が、ひかれあうようにして協力関係を形成したことは何ら不思議ではない。

杉原は、ソ連軍に抑留されたポーランド兵の救援組織、ドイツやソ連に対する武装闘争同盟と接触し、彼らとの協力関係はしだいに深まっていった。やがては武装闘争同盟の報告書を、日本の外交ルートを使ってロンドンの亡命政府に届ける手伝いまでするようになったことが『日本・ポーランド関係史』により明らかとなっている。

ポーランド分割後も日本政府は、日本・ポーランド関係に変更はないとして、在日ポーランド大使館が引き続き活動することを容認していた。日本がドイツ一辺倒に傾く以前であったこの時期だからこそ、杉原の行動も許されたのであろう。

日本政府による対応には、独ソ不可侵条約によってドイツに裏切られたことに対する「面当《つらあ》て」もあったと思われる。しかし、それ以上に、杉原の行動を容認した理由としては、ポーランド側が見返りとして提供する情報に大きな価値があったのであろう。残念ながらカウナス在勤時の杉原からの電報や報告書の類《たぐ》いは、一九四〇年段階のヴィザ発給問題関係を除くとほとんど残っていない。戦災などにより外務省記録が多数消失していることによる。

非常に例外的な史料として、ソ連に占領された旧ポーランド領ベラルーシの事情に関する報告書が残っている。一九四〇年二月二七日付で杉原から有田外務大臣に送られた公信普通第三七号がそれだが、ベラルーシの歴史、地理、気象、産業などについてまとめ、手書きで約五〇枚に及ぶ報告書だ。

この報告書を一読したとき、筆者はインテリジェンスの観点からの重要性は低いと思った。一般的な統計情報をまとめただけの資料に感じられたからだ。ところが、前文に、報告書作成にあたって利用した統計資料は、大部分ポーランド政府機関が採用したデータに基づいたと記してあることが気になり始めた。

ポーランドと長い間外交関係がなかったリトアニアにおいて、そのような統計情報を集め得たこと。杉原は語学の達人ではあったが、ポーランド語までは解さなかったこと。この二点から考えれば、着任して半年ほどの間に長文の報告書をまとめ上げた裏に、ポーランド側の協力があっただろうことを見落とすわけにはいかない。この点を充分に示唆《しさ》する史料ではなかろうか。

偽名のポーランド軍人二人

この時期杉原と密接な関係を保った人物として、イエジ・クンツエヴィチの偽名を使っていたアルフォンス・ヤクビャニェツ大尉《たいい》と、ヤン・スタニワフ・ペシュの偽名を使っていたレシェク・ダシュケヴィチ中尉の二人が挙げられる。彼らには、杉原に協力する代償として日本の公用旅券が与えられたという。特にペシュことダシュケヴィチ中尉は、カウナス以降もプラハ、ケーニヒスベルクで杉原に協力し続けた。

彼らの背後には、もう一人、重要人物として白系露人ペーター・イワノフの偽名を用いていたミハウ・リビコフスキがいた。彼は、ポーランドの独立期に対ソ戦争で活躍して勲章を受け、第二次大戦前夜にはポーランド参謀本部の対ドイツ問題専門家となっていた。大戦勃発後は、パリ、ヘルシンキを経由してバルト三国に潜入し、ラトヴィアのリーガで日本の小野打寛《おのうちひろし》武官と接触した。この小野打武官と杉原の協力により在ドイツ満洲国公使館発給の満洲国のパスポートを入手することができた。

彼は、ソ連によるバルト三国併合後、小野打が在フィンランド公使館付武官に就任したのを機にストックホルムに移動し、ヤクビャニェツ大尉とダシュケヴィチ中尉に指令を出し続けた。この人物が後に、日本との関係で極めて重要な役割を担《にな》うこととなるが、その話は最終章に譲りたい。

このように短期間でポーランドの情報将校たちとの間に密接な関係を築いたことは、杉原のインテリジェンス・オフィサーとしての能力の高さを端的に示している。しかし、さしもの語学の達人杉原もポーランド語は解さなかった。それではヤクビャニェツ大尉、ダシュケヴィチ中尉、あるいは後にヴィザ発給を求めて領事館を囲んだポーランド系避難民たちとどのようにコミュニケーションをとったのであろうか。

この問題にヒントを与えてくれる興味深い史料が残っている。日本がポーランドに公使館を設置した後のことだが、一九二〇年九月一一日、当時ヨーロッパに出張していた山脇正隆《やまわきまさたか》大尉が送った電報だ。今後、駐ポーランド公使や公使館員に就任する人物について、人選上の参考意見を述べている。

使用言語について、ポーランド人の多くは、ロシア語ないしはドイツ語を解するので、これら両方の言語に通じていることが望ましいとある。また、官吏および知識階級はロシア語やドイツ語を好まずフランス語を用いる傾向にあり、いずれにせよ英語を解する者は少ないという。

ロシア語だけではなく、外務省留学生試験に向け猛勉強したドイツ語、リットン報告書への反駁文《はんばくぶん》を起草できるほど堪能《たんのう》だったフランス語、杉原の語学センスがまさに活《い》かされたのだ。ヤクビャニェツ大尉やダシュケヴィチ中尉とはロシア語で会話し、杉原によるとヤクビャニェツの方がロシア語は上手だったようだ。

抜群の語学力、インテリジェンス・オフィサーとしての高い資質がヨーロッパにおける杉原諜報網を短期間に形成することにつながった。このことは、ヴィザ発給問題にも大きくかかわってゆくことになる。

第六章　「命のヴィザ」の謎《なぞ》に迫る

ソリー少年との出会い

杉原がカウナスに在勤した当時のことを語る上で、ソリー・ガノールというユダヤ系少年との出会いは無視できない。ガノールが一九九五年に書いた回想録『日本人に救われたユダヤ人の手記』は、公文書からは窺《うかが》い知ることができない杉原の日常生活の一端を知ることができる貴重な回想録なので、従来から杉原研究者の間で注目されてきた。

偶然出会った切手好きなユダヤ人少年と遠い極東の国からやってきた外交官の間に芽生えた、年齢も国境も超えた美しい友情。大変ハート・ウォーミングなエピソードとして語られてきたが、インテリジェンスの観点から見直すと、このエピソードには全く別な意味があると思われる。

二人の出会いは、ユダヤ人の重要な宗教行事であるハヌカがきっかけだった。別名

「光の祝い」とも呼ばれるこの行事は、日本人にはほとんどなじみがない。紀元前二世紀に異教徒であるシリア・セレウコス朝に占領されていた聖地エルサレムを、英雄マカベア家のユダ率いるユダヤ人たちが奪回し、神殿を奉献したことを起源とする。そのため、ユダヤ人にとっては非常に重要な行事である。

一二月下旬の行事のため、いつの間にかクリスマス同様、ユダヤ人の子供たちは親や親戚《しんせき》からプレゼントを貰《もら》えることになっている。また、この日には、特別な燭台《しょくだい》にろうそくがともされる。ユダヤ人が神聖視するメノーラという七本のろうそくをつける聖燭台があり、現在もイスラエルの国章に描かれている。ハヌカ当日には九本のろうそくをつけるハヌッキーラと呼ばれる特別なメノーラが使われ、親戚や友人が集まってお祝いするしきたりとなっている。

一九三九年の暮れ、カウナスの街にはヴィリニュスやポーランド各地から多数のユダヤ人が逃れてきていた。ユダヤ人は相互扶助の精神に富むので、以前からカウナスに在住していたユダヤ人の家庭では、逃れてきた同胞を、当然のこととして保護していた。商売を営むソリー少年の家でも、ローゼンブラットというポーランドから逃れてきたユダヤ人父娘《おやこ》を同居させていた。

ローゼンブラットは、それ以前、ワルシャワで妻と二人の娘と暮らしていたが、ナチスによるワルシャワ侵攻のさい、空襲で家を焼かれ、妻と長女の命を奪われる悲劇に遭った。当時八歳だった次女とかろうじてリトアニアへ逃れていたのだ。

ソリーの家では、ローゼンブラット父娘を温かく庇護《ひご》した。また、ソリーの母や叔母もユダヤ難民救助委員会の活動に参加していた。そのような家族の姿を見ていた当時一一歳のソリーは、ハヌカのお祝いに親や親戚から貰ったお小遣い一〇リタスを衝動的に難民救済のために全額寄付してしまった。

この一〇リタスが、どの程度の価値があったかは定かではないが、先に述べたように杉原が難民たちにヴィザを発給した時の手数料が一人あたり二リタスであったので、五人分のヴィザ発給手数料に相当することになり、一一歳児のお小遣いとしてはかなりの金額であったのではないかと思われる。

子供らしい正義感からの行為だったが、すぐに後悔する羽目になった。当時人気があったコメディー・コンビ、ローレル&ハーディーの映画が上映中であったことを忘れていたのだ。映画は観《み》たいが、所持金は全《すべ》て寄付したので、財布は空っぽだった。彼の父親は、お小遣いを全額寄付した行為を「りっぱな自己犠牲」だと評価したが、それだからこそ、原則を大事にしないといけないと言って、追加のお小遣いをあげようとはしなかった。

どうしても映画を観たいソリーは、高価な食材を扱う商店を経営していたアヌーシュカ叔母の店を訪れ、彼女から小遣いを得ようと考えた。この時叔母の店で買い物をしていた紳士が他ならぬ杉原だった。叔母は杉原を紹介し、ハヌカの話を聞いた杉原は、「私のことを君のおじさんだと思って欲しい」と言って、小遣いを差し出した。多少ためらいながらも、銀貨を受け取ったソリーは、子供らしい純真さから「あなたが僕のおじさんならば、僕の家のハヌカのパーティーに来て下さい」と申し入れた。このやり取りに驚いた叔母は、「杉原さんはお忙しい方だから」とたしなめたが、杉原は「私は全然忙しくないから」と言って、この申し入れを積極的に受け容《い》れた。

当時の杉原が忙しくないはずはない。対ソ諜報《ちょうほう》収集、特にポーランドの情報将校たちと接触し、時には彼らを庇護し、集めた情報を日本に送らなければならない日々なのである。子供の他愛ない申し入れに対し叔母がたしなめたのは、異教徒を重要な宗教行事に招くことに対する抵抗もあったと思われる。

ハヌカ当日、ソリーの家を幸子《ゆきこ》夫人とともに訪れた杉原は、宗教的儀式後のパーティーの席で、ローゼンブラットから、ポーランドでの悲惨な体験、逃避行の情況などを熱心に聴きだした。

これが何を意味するかは、もう明らかだろう。ソリーからの申し入れの瞬間、杉原の中でインテリジェンス・オフィサーとしての血が騒いだと見るべきではないか。ユダヤ系住民の家であれば、必ずポーランドからの避難民に接触でき、貴重な情報を入手できると判断したので、強引なまでにハヌカのパーティーに参加したと考えられよう。

情報提供の後、ローゼンブラットは、日本の通過ヴィザ発給を唐突に懇願した。この願いに対して杉原は、日本の外国人入国令では、行き先国の入国許可と十分な旅費が通過ヴィザ発給の必要条件であり、どちらも持ち合わせていないのでは発給できないことを説明した。この段階では、発給条件を満たさない者にまでヴィザを発給することは考えていなかったようだ。

インテリジェンスとヒューマニズムの間

この夜の杉原は、もう一つ注目すべき発言をしている。ソリーの父親が事業の整理がつきしだいリトアニアを離れ、アメリカ在住の兄や妹を頼って渡米するつもりだと言い出した。この計画は、その日までソリーにすら知らせていなかったのだが、杉原は、事業の整理など後回しにして一刻も早くリトアニアを去ることを熱心に勧めた。

ここにインテリジェンス・オフィサー、外交官、そしてヒューマニストの杉原が複雑に混じり合って現れたように思える。

ローゼンブラットから情報収集に努めたことは、敏腕インテリジェンス・オフィサーの面目躍如たるものがある。この同情すべき父娘に対してヴィザの発給を慎んだところは、外交官として自国の命令を優先したと見える。しかし、ソリーの父親にリトアニアから早く去るように勧めたことは、彼の中のヒューマニストの側面が動いたのではないか。

リトアニアに危険が迫っていることを杉原は察知していた。その危険の具体的内容については後述するが、ソリーの父親に警告を与えることは、インテリジェンス・オフィサーとしては、本来慎むべきことであった。職務上知り得た重要情報を、直接的ではないにせよ第三者に漏らすべきではないからだ。

この後も、杉原はソリーとの交流の中で、三人の自分をいかに調和させるかで苦労したようだ。年が明けて一九四〇年の春、切手収集を趣味とするソリーが領事館を訪れたさいに、日本から送られてきた手紙に貼《は》られていた切手をプレゼントしつつ、ソリーに父親への伝言を依頼した。

曰《いわ》く、事態はますます悪化している、一日も早く出国するように——。

ローゼンブラット父娘のことも決して忘れていなかった。ソリーと会うたびに、ローゼンブラットがどこかの国のヴィザを入手できたか心配し続けた。これらは、二人の子を持つ父親として、目の前の少年やローゼンブラットの娘を心配するヒューマニストの眼差《まなざ》しであったろう。

外国人入国令の規定を超えてヴィザ発給を決意してから、杉原はソリーの一家、そしてローゼンブラット父娘にもヴィザを発給したと『日本人に救われたユダヤ人の手記』には記されている。ヴィザ・リストを確認したところ、通し番号七一番にはMira Rozenblat、七二番にはStanislaw Rozenblatという名前が残っている。ローゼンブラットのフルネームまでは、『日本

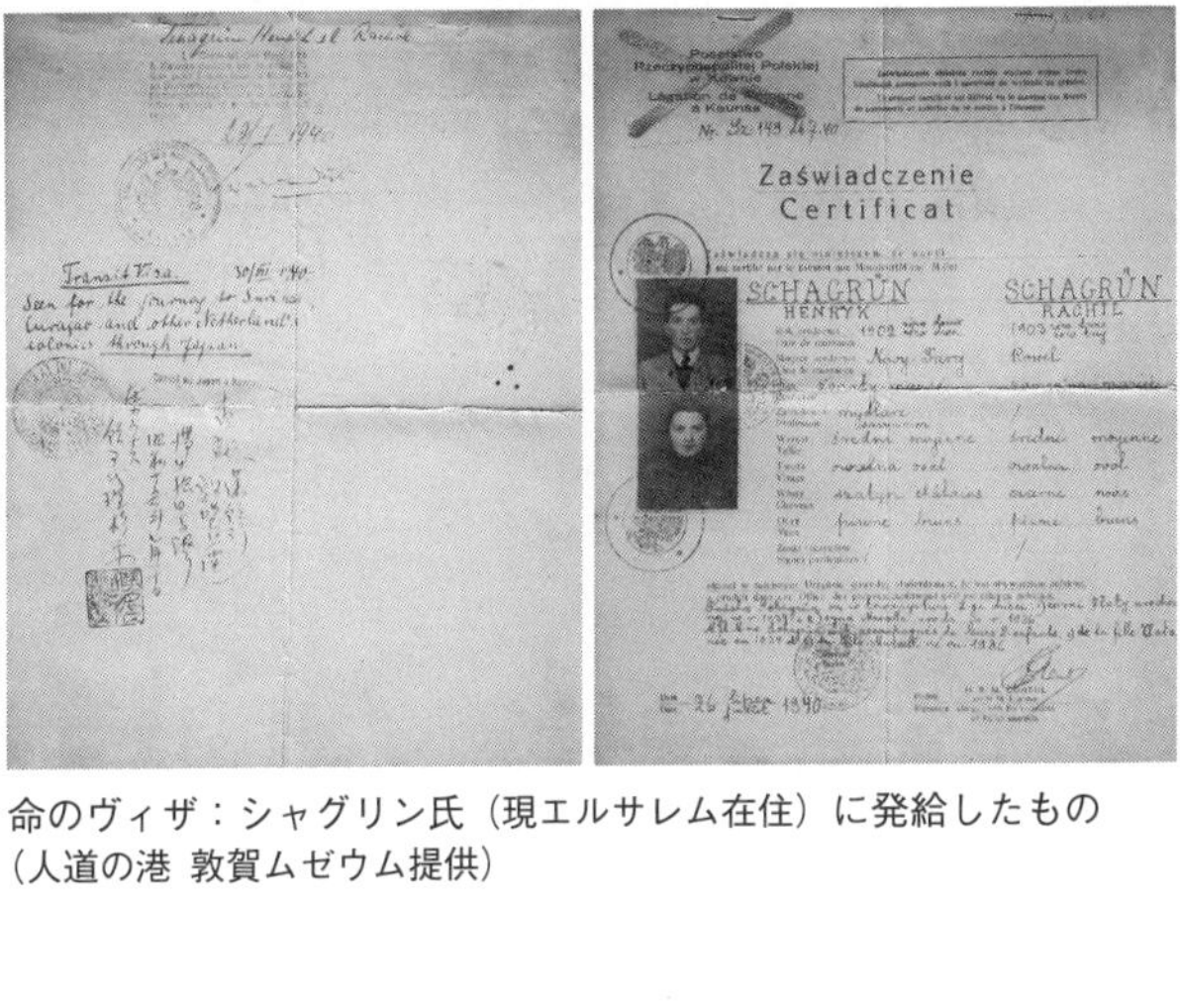

命のヴィザ：シャグリン氏（現エルサレム在住）に発給したもの
（人道の港 敦賀ムゼウム提供）

人に救われたユダヤ人の手記』に書かれていないので、リストにある二人が問題のローゼンブラット父娘であるか否《いな》かは確認できない。二人が無事生き延びて、幸せになったことを願わずにはいられない。

ソリー一家は、杉原による好意のヴィザがあったにもかかわらず、パスポートの紛失やソリーの急病が重なり、リトアニアからの脱出に失敗した。

一九四一年、独ソ不可侵条約を無視してソ連に侵攻したドイツ軍によってリトアニアが占拠され、一家はスラボトケのゲットーに送られ、苛酷《かこく》な労働を課せられた。また、ソリーにとってあこがれの存在であった兄ヘルマンともスラボトケへの移送前に生き別れとなった。

ドイツの敗北直前、ユダヤ人たちはダッハウの強制収容所に移され、さらにチロル地方の防衛陣地構築のため移送されることになった。この時の強引な移送により多くのユダヤ人が命を落とし、この悲劇は「ダッハウ死の行進」と呼ばれている。ソリーは、幸いにもアメリカ軍の日系二世部隊である第五二二野戦砲兵大隊の兵士たちによって救われた。

日系人の兵士に救われた時、朦朧《もうろう》とした意識の中で、杉原が助けにきてくれたと錯覚したと回想している。少年にとって苛酷すぎる日々において、杉原との思い出は、大切な心の支えだったのである。

ナチスの手からユダヤ人を救ったのか、それとも……

ソリー少年と杉原の交流は、もう一つ重要な問題を突きつけてくる。一般的な杉原の評価、「ナチスの手から六〇〇〇人のユダヤ人を救った外交官」という表現は、果たして正しいのかという極めて根源的な問いである。

ここで思い出して貰いたい。ハヌカの祭りのさいに、事業の整理が終わったらアメリカに行く予定だと言ったソリーの父親に対して、事業の整理など後回しにして一刻も早くリトアニアを去ることを杉原は勧めたが、杉原はなぜこの段階でリトアニアからの退去を熱心に説いたのであろうか？

一九三九年末の段階で、リトアニアにとって脅威であった国はどこだろうか。それがナチス・ドイツであったかどうかをよく検討しておく必要がある。ドイツは、電撃作戦でポーランドを降《くだ》すと、俗に「奇妙な平和」と呼ばれるように、翌年四月までは軍事行動を控えていた。それゆえ、この時期に「ナチスの手から逃れるために」、それまで一生懸命育成してきた事業を放り出してまで急いでリトアニアから退去する必要はなかった。

ドイツが対ソ開戦に踏み切ったのは、一九四一年の六月になってのことであり、問題の時期より一年半も後のことだ。リトアニア占領後、組織的なユダヤ人迫害が行われ、ソリー一家もゲットーに入れられるが、だからと言って、「ナチスの手から救った」とするのは「歴史の後知恵」に過ぎない。少なくともハヌカの段階で、ドイツの脅威はリトアニアに迫ってはいなかった。

それでは、この時何をもって杉原はリトアニアが危険な状態であると判断したのか。インテリジェンス・オフィサー杉原千畝の胸の内を探る必要がある。

ドイツが「奇妙な平和」を守っていた間に、ヨーロッパで暴れ回っていたのはソ連であった。独ソ不可侵条約の秘密条項にしたがって、バルト三国への「第一次進駐」を成し遂げた後、次の標的となったのが杉原の前任地フィンランドであった。

ソ連は、フィンランドに対しカレリア地峡を含む幾つかの重要地の割譲を要求した。杉原が会う機会に恵まれたシベリウスが、名曲「カレリア組曲」を作曲したように、フィンランド人にとって思い入れ深い地域である。フィンランド政府は、戦争になる危険を承知で、この要求を拒否した。果せるかな、一九三九年一一月三〇日、ソ連・フィンランド間に戦端が開かれた。いわゆる「冬戦争」である。

フィンランドの場合には、ポーランドやバルト三国とは異なり二つの利点があった。まず、地形的優位である。ポーランドやバルト三国がほとんど真っ平らな地形であるのに対し、フィンランドは多くの森や湖がある複雑な地形をなしていたので、救国の英雄マンネルヘイム元帥《げんすい》による指揮のもと、フィンランド兵たちは地の利に支えられた作戦を展開した。しかも季節は冬、雪に覆《おお》われて、方向も見失いがちなソ連兵に対し、地形を熟知し、スキーを履いて敏速に行動できるフィンランド兵たちが、ソ連部隊を混乱させ大被害を与え続けた。

このように善戦するフィンランドに、国際世論も味方するようになった。特に、国際連盟では、ソ連の行動を一方的な「侵略」と認め、一二月一四日、国際連盟の歴史で唯一《ゆいいつ》の「除名処分」をソ連に下したほどであった。

杉原がソリーの家で行われたハヌカのパーティーを訪問したのは、まさにこのような時期であった。フィンランドは勇戦していたが、ソ連とは国の規模があまりにも違うので、その抵抗がいつまで続くかはわからない。弱体化した国際連盟の除名処分などソ連を止める力になるとも思えない。

フィンランドの次には、再びバルト三国にさらに厳しい条件をつきつける危険があることを、ソ連通の外交官杉原は予想できたであろう。しかも、反ユダヤ思想はナチスの専売特許ではなく、帝政ロシアの時代からロシア・ソ連も反ユダヤ思想が強い国であることを、杉原は熟知していたはずだ。長年暮らしたハルビンでは、ユダヤ人と白系露人が反発しあい、しばしば抗争が起こっていたからだ。ソリー一家への忠告は、このような優れた情勢判断に基づくものであったと思われる。

一にスターリン、二にヒトラー

一九四〇年春の段階で、領事館を訪れたソリーに対して、事態は悪化しているので一日も早くリトアニアを発《た》つように伝えたことは、杉原がソ連の動向を警戒していたことを裏付けるものであろう。

忠告の詳細な時期は不明だが、一九四〇年の五月になってドイツは、西方に向けて怒濤《どとう》の進撃を展開するので、ソリーの訪問の段階でいう「事態の悪化」とは、ナチス・ドイツの脅威ではなく、同年三月一二日に多大な損害を出しつつもフィンランドを屈服させたソ連が、バルト三国を狙《ねら》ってくることを危惧《きぐ》していたと見るべきであろう。

ヒトラーが対ソ開戦を決意したのはいつ頃であろうか。少なくとも一九四〇年九月に日独伊三国同盟を締結した段階では、日本側もドイツが誠実な仲介者の役割を果たし、三国にソ連を加えた四国のブロックが形成されることを信じていた。

共産主義国・ソ連の打倒は、ヒトラーにとって、いずれ行うべき課題ではあったが、ソ連との友好関係維持方針の転換の契機となったのは、同年一一月のモロトフによるベルリン訪問だとされている。このときヒトラーやリッベントロップ外務大臣に対してモロトフは、ボスポラス・ダーダネルス地域やブルガリアの領有を主張したのだ。あまりにも過大な要求にヒトラーが激怒し、この後「バルバロッサ作戦」と呼ばれる対ソ攻撃計画策定に乗り出したわけだから、ソリーの領事館訪問の段階で、杉原が将来のナチス・ドイツによるリトアニア侵攻を危惧して忠告していたという図式は成り立たない。

インテリジェンス・オフィサー杉原の胸中にあったのは、ナチス・ドイツの脅威ではなく、スターリン率いるソ連のそれであった。だからこそ、ソ連のバルト三国併合という事態に接して、それまで同情を寄せつつも通過ヴィザを発給しなかったローゼンブラット父娘も含めて、ヴィザの発給条件を満たしていない避難民たちにも発給するという構図が杉原の中で完成したのだ。

それゆえに、カウナスにおいて彼は、広義の意味では確かに「ナチスの手からユダヤ人を救った」とも言えるが、狭義《きょうぎ》にはむしろ「スターリンの脅威から守った」と言うべきであろう。

リトアニア、ソ連に屈す

相互援助条約締結後、ソ連とバルト三国の間には、比較的穏やかな状況が続いていた。しかし、一九四〇年五月になり、突如ソ連の態度は硬化した。その原因としては、対フィンランド戦争が一応終結したので、本格的にバルト三国併合に乗りだしたとも、ドイツによるベルギーやオランダへの侵攻に刺激されたためとも見られる。日本外務省は、後者の影響が大きいと観測していたようだが、いずれにしても当時のドイツ、ソ連それぞれの動きに対しては、多大な関心を寄せていた。

相互援助条約の時とは逆に、最初の標的に選ばれたのはリトアニアであった。発端は、リトアニア領内でソ連兵が行方不明になったことへの抗議だったが、そのような事実はなく、完全にソ連のでっち上げであった。その証拠に、ソ連側は抗議をするだけで、行方不明兵士の捜索はしていなかったと、ウルブシスが回想録に記している。

五月二五日、駐ソ連リトアニア公使のナトキャビチュスがクレムリンに呼びつけられ、モロトフから抗議声明を突きつけられた。声明書には、ソ連兵の失踪《しっそう》にはリトアニア政府関係機関の庇護を受けた者たちが関わっていると記されていた。ただちに捜査のうえ拉致《らち》された兵士たちを救出し、リトアニア駐留ソ連守備隊司令部に引き渡すように、それが実行されない場合には、ソ連政府は独自に「別の手段」を講じると結ばれていた。

この恫喝《どうかつ》に対して、リトアニア政府は円満解決の道を模索したが、スターリンやモロトフは連日リトアニアを非難し続けた。事態改善のためにモスクワに派遣されたウルブシス外務大臣を、六月一四日モロトフはクレムリンに呼び出し、重要な申し入れがあることを告げた。その申し入れとは、異議も議論も許さず、期日までに要求が満たされない場合には武力行使も辞さないと威嚇《いかく》する、まさに最後通牒《つうちょう》そのものであった。

内容は、責任者として内務大臣と政治警察局長などを即刻裁判にかけた上、内閣の総辞職と反ソ連政策の停止を求めるものだった。この二点だけでも甚だしい内政干渉であるが、さらに領内へのソ連兵増派と主要地点への駐屯までも要求し、翌一五日の午前一〇時までに返答するようにと迫った。

ウルブシスの動揺は頂点に達した。彼がクレムリンに呼び出されたのは六月一四日の夜半であり、最後通牒を読み終えた時には既に一五日の午前一時であった。あとわずかに九時間で国の運命を左右する重大な決断を迫られたのだ。さらに、ソ連側はウルブシスたちが電話で本国と連絡することまで妨害した。ようやく早朝になって、本国と電話が通じたが、その時にはもはや無条件受諾以外の選択肢は存在しなかった。

受諾を伝えにモロトフを訪れたウルブシスは、メルキス内閣が総辞職し、新しい内閣の首班にラシチキスが指名されたことを伝えた。しかし、ソ連はあくまでも非情であった。相談もなく新首相を選んだことは、敵対政策が継続されている証《あか》しであると、強引な言いがかりでリトアニア政府を脅し、翌日には一六万人もの軍隊を進駐させたのであった。

一九九八年にリトアニア大統領に就任したアダムクスは、その回顧録において、当時少年であった彼の日に映ったソ連進駐の印象を記しているが、服装、規律、軍備いずれもみすぼらしかったという。対フィンランド戦争で消耗し、同時期にバルト三国それぞれへ強引に進駐したため、員数を揃《そろ》えるのに精一杯で兵の質まで高めることができなかったのであろう。

スメトナ大統領は、ソ連と一戦交えてでも独立を守ることを主張したが、閣僚たちの賛同を得ることができず、ドイツへ亡命する。そこで、リトアニア共産党員パレツキスが人民議会議長に据えられ、六月二一日には社会主義リトアニア共和国が成立した。七月一七日に総選挙が行われたが、共産党が作ったリトアニア勤労人民同盟が公認した候補者のみが立候補を許され、メルキスやウルブシスを含む反ソ的思想の持ち主と目される者たちが逮捕された後に行われた選挙だったため、結果は明らかであった。

七月二一日に開かれた人民会議でパレツキスらは、リトアニアのソ連への編入を請願することを提案し承認される。それを受けて八月三日、ソヴィエト連邦最高議会第七期会議においてリトアニアのソ連加盟が認められた。

リトアニアがソ連の最後通牒を受け容れた翌日の六月一六日には、ラトヴィアとエストニアに対しても、両国が密《ひそ》かに対ソ軍事同盟を結んだとしてソ連は抗議した。その後はリトアニアと似たようなコースを辿《たど》って両国もソ連への加盟を強要され、ここにバルト三国は全てソ連の一部と化したのであった。

杉原、ヴィザ発給を決断

この動きに対して日本外務省は、六月段階で警戒の目を向けたが、特に、ドイツの動向に関心を持ち、駐ドイツ来栖《くるす》大使に調査を命じた。六月二五日発の来栖大使からの電報には、ドイツ側はソ連の動きに対して「我関せず」といった対応ぶりで、ソ連がバルト三国を「どのように料理しても」黙って見ているだけであるとの観測が報告された。

一九四〇年六月と言えば、ドイツ軍が西方ではパリを陥落させて破竹の勢いを示しており、日本国内にもドイツとの関係を再び緊密にしていくことを主張する動きが活発化していた時期であった。それだけに、ソ連のバルト三国への進駐に対して、ドイツが背後を脅《おびや》かされることを恐れ、日本との提携を考えるのではとの淡い希望を抱く者もいた。しかし、ドイツ側から見れば前年の独ソ不可侵条約と独ソ国境・友好条約によりソ連のバルト三国併合は既定路線であったので、ソ連の動きを静観するのみだったのは当然と言えよう。

ソ連によるバルト三国併合が本格化すると、在ラトヴィア公使館や杉原が在勤したカウナス領事館などをこのままソ連が認めるかどうかという問題が生じた。日本としては、是非これら公館、特にラトヴィア公使館を総領事館として残したい意向であった。

ドイツの場合には、オーストリア併合後、日本の公使館が在ウィーン総領事館として、またチェコスロヴァキア解体後は、在プラハ総領事館として残ることが認められた。しかし、ソ連側から見れば、在ラトヴィア公使館などが対ソ情報収集の最前線であることは明らかなので、存続を認めるはずはなかった。イギリスなど諸外国もソ連の意向にしたがい、バルト三国に設置した在外公館の閉鎖を認めたので、日本も渋々ながら八月末までにこれら公館を閉鎖することに同意した。

リトアニアのソ連への併合、そして在カウナス領事館の閉鎖という事態を前にして、杉原はどうしていたのだろうか。彼が晩年に書いた回想録によると、リトアニアにおいて総選挙が行われたその翌日である七月一八日から、領事館を大勢の避難民が囲み始めたという。この状況に対して、杉原は三回にわたり本省にヴィザ発給の可否につき問い合わせたというが、それらの電報は、現存する外務省記録には残念ながら見当たらない。ソ連のバルト三国併合関係記録ファイルが消失しているので、問題の電報はそれらのファイルに綴《と》じられていた可能性が高いと思われる。

その後の電報のやりとりから考え、この段階で本省側は、外国人入国令の遵守《じゅんしゅ》、言い換えれば避難民に対してはヴィザを発給しないことを命じたと思われる。そのため、この後の杉原は、密かに避難民にヴィザを発給しながら、本省の命令を守っているように装《よそお》う鮮やかな「イリュージョン」を構築していったのである。インテリジェンス・オフィサーとして培《つちか》ってきた能力が、本省向けに応用されたということだ。

「蜘蛛《くも》の糸」を手繰《たぐ》り寄せて

杉原がヴィザを本格的に発給し始めたのは、ヴィザ・リストによれば、避難民たちが領事館を囲んだ一八日から数えて九日目にあたる二六日であった。ところが、七月二八日発の電報第五〇号では、リトアニアの国内情勢を中心に据え、GPUによる政治団体への弾圧、ポーランド人、白系露人、ユダヤ人、さらにはメルキスやウルブシスといった旧リトアニア政府の重要人物が逮捕される様子が詳細に伝えられている。

この電報の最後の部分に、さりげなく、ユダヤ人が日本の通過ヴィザを求めて連日一〇〇人前後も押しかけているとだけ報告し、ヴィザ発給に関しては言及していない。この段階で、杉原は将来ヴィザ発給が問題化することを想定しつつ、連日ヴィザを発給していたのであろう。

次に、八月七日発の電報第五八号では、旧チェコスロヴァキア政府が発行したパスポートの持ち主に対するヴィザ発給の可否について本省に問い合わせている。

この背景には、チェコスロヴァキアの解体問題があった。ミュンヘン会談当時のチェコスロヴァキア大統領は、日本と因縁浅からぬベネシュであった。日本が満洲事変の問題により国際連盟で苦境に立った時に、日本からの依頼で、関係各国との周旋に努めた人物だ。

ミュンヘン会談によって列国から見捨てられたことを悟ったベネシュ大統領は、その直後亡命してしまい、多民族国家チェコスロヴァキアのたがが外れてしまった。各民族の独立要求が高まる中、一九三九年三月には大部分がドイツの保護下におかれ、国家は解体したのであった。

杉原が電報第五八号を送った一九四〇年八月段階には既に存在していない政府が発給したパスポートに対する問題なので、杉原も慎重を期して政府にヴィザ発給の可否を問い合わせたのであろう。

これについては、ドイツと日本の政府間協議の結果、旧チェコスロヴァキア政府が発給したパスポートの有効性が認められていたので、有効期限内であればヴィザを発給しても構わないとの返事が送られた。しかし、その電報の末尾には、行き先国の入国許可が下り

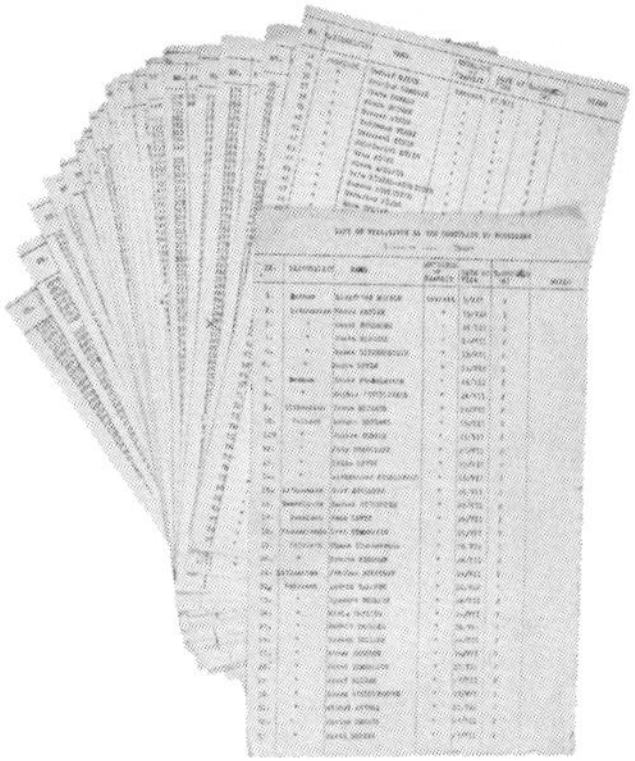

ヴィザ・リスト（外交史料館所蔵）

ていない者にはヴィザを出さないようにとの注意も付け加えられていた。

この行き先国の入国許可問題をめぐって杉原を大いに助けたのがいわゆる「キュラソー・ヴィザ」であった。これは、当時の駐カウナス・オランダ領事代理ヤン・ズヴァルテンディクが考え出した妙手であった。オランダの海外植民地であったカリブ海の小島キュラソーおよび南アメリカ北東部のスリナムには、ヴィザがなくても渡航できることを逆手にとり、その旨《むね》を記した証明書であった。

これは、正式な入国許可証ではなく、実際の入国には、現地総督の許可を必要としたので、その効果は覚束《おぼつか》ないものであった。だが、少なくとも避難民たちに形式上の行き先国を与え、リトアニア脱出を助ける救いの綱となった。当時、オランダ本国が既にドイツに占領されていたにもかかわらず、ズヴァルテンディク領事代理がこのような行動をとったことは、避難民を救おうとする彼の意志も手伝っていた。

ここでも忘れてはならないのは、この段階でバルト三国を併合したのがドイツではなくソ連であったということだ。オランダを占領したドイツがバルト三国を併合していたのであれば、ズヴァルテンディク領事代理もこのような危険を冒すことは困難であっただろう。

このキュラソー・ヴィザについて、先述のバルハフティクが興味深いエピソードを紹介している。彼がイスラエルの宗教大臣を務めていた頃、オランダの駐イスラエル大使カスチルと話す機会があった。このカスチルこそ第二次世界大戦当時のキュラソーおよびスリナムの総督を務めていた人物だった。そこで、もし、第二次大戦当時、このような証明書を携えたユダヤ避難民たちがやってきて上陸を求めたら許可したかと質問したところ、カスチル大使は「拒否したであろう」と即座に答えたという。

このように「キュラソー・ヴィザ」は、その効力こそ心許《こころもと》ないものであったが、杉原がヴィザを発給するにあたって、「行き先国」の入国許可という条件を形式上クリアするための有力な「抜け道」になったのであった。

二一三九名と六〇〇〇名との間で

六〇〇〇人の命を救った外交官――杉原千畝はそう称されている。この六〇〇〇人という数字の根拠はどこにあるのだろうか。

戦後、杉原がイスラエルに招かれ、勲章を授与された一九六九年当時の新聞報道では、約四〇〇〇人の命を救ったと書かれている。ソ連によるリトアニア併合、領事館の閉鎖、押し寄せる避難民たちといった混乱した状況にあったので、正確な数字を出すことはどのみち不可能であろう。そのため、「四〇〇〇人」以外にもいくつかの数字が報道されているが、現在では、一九九〇年に幸子夫人が著した『六千人の命のビザ』に記された約六〇〇〇人ということでほぼ落ち着いている。

ヴィザ・リストには、先述したように二一三九人の名前がある。それに対して救われた人数は六〇〇〇人。この数字の違いはどこから生じたのだろうか。

「当時は一枚のヴィザで家族全員の渡航が可能だった」というのが定番のように使われる説明だ。パスポートやヴィザ関係の規則が現在よりファジーな面があったことは事実で、仮にこの説が正しく、夫婦が子供一人を同道して渡航するために一枚のヴィザで可能ならば、二一三九枚のヴィザで六〇〇〇人の命を救うことも計算上は可能である。

この説の出所、根拠は何なのか。少なくとも幸子夫人の『六千人の命のビザ』の中にはそのような記述は見当たらない。関連書にもあたってみたが、何に基づいて流布《るふ》されたのか不明である。

本当に一枚のヴィザで家族全員の渡航が可能であったのか。この基本的かつ重要な問題を確かめようと調査したところ、それを裏付ける有力な証拠が見つかった。

現在、日本には「命のヴィザ」の現物は一通しかない。プロローグでも述べたように、ヴィザを発給された人々にとって、命を救ってくれた大切な思い出の品なので、ほとんどの人々が大事に保管していて、容易には手放さないのだ。しかし、中には日本の人々に杉原のことをもっと知って貰《もら》いたいという一念から、ヴィザが書かれたパスポートを杉原の故郷岐阜県加茂郡八百津町の杉原千畝記念館に寄贈した女性がいた。

ニューヨークに住むシルヴィア・スモーラ、ワルシャワで両親と暮らしていた六歳の時にドイツ軍の侵攻が始まり、リトアニアに逃れ杉原ヴィザを得て、シベリア鉄道でウラジボストークへ、そして日本海を渡り敦賀《つるが》に上陸。日本に数カ月滞在したが、その間の日本人の親切は今でもはっきり覚えているそうだ。

彼女が寄贈してくれたパスポートには、父親、母親、そして娘のシルヴィア本人の名前もあり、それぞれの写真まで貼《は》ってある。しかし、ヴィザ・リストには七月三一日に発給された一人として、通し番号四五九番目に、彼女の父親 Aleksander HAFFTKA の名前だけが記載されている。確かに、一枚のヴィザで家族全員が救われた実例が存在するのだ。

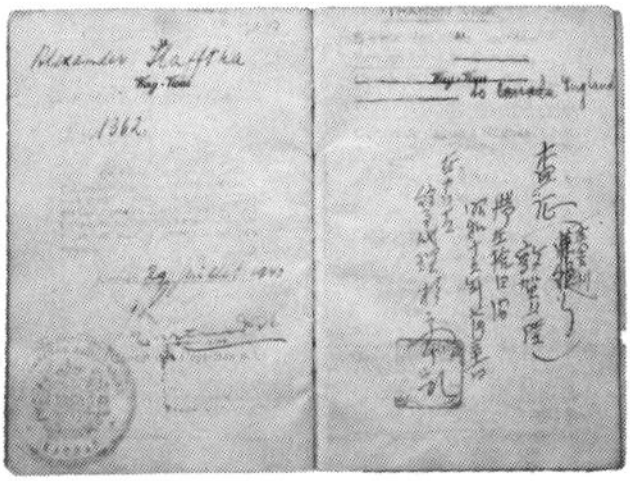

シルヴィア・スモーラのヴィザ
（杉原千畝記念館所蔵）

ところが、先に紹介したバルハフティクをリスト上で探すと、通し番号四五四番にナオミ夫人、四五五番目にバルハフティク本人の名前があり、夫婦それぞれにヴィザが発給されている。このケースは、渡航者一人一人がヴィザを持っていた例といえる。その他にも同姓の名前が続いて記されていて、家族であったと思われる例が多数散見される。どちらの例をスタンダードと考えるべきであろうか。

ここで、以前筆者が会ったことのあるサバイバルの一人、エディス・ハマーの例を挙げたい。ドイツ出身である彼女は、両親と一緒にカウナスで杉原からヴィザの発給を受け、日本を経由して渡米したそうだ。

面会した当時はヒューストンのホロコースト・ミュージアムでガイド役を務め、自身の体験を後世に伝えようと活動していた。来日時に、母親のパスポートを持参し、それには紛れもない杉原ヴィザが記入されていた。杉原ヴィザに初めて直接触れた感激は忘れられない。

パスポートの表紙には、ナチスのハーケンクロイツのマークがあり、一頁《ページ》目には真っ赤なスタンプで、「J」と捺《お》されている。ドイツ政府発行のユダヤ人のパスポートの特徴だが、現物を見るとその生々しさに圧倒された。同じ頁に母親ゾフィー・フインケルシュタインの名前が記され、その後に子供を一人同行している旨が記されている。二頁目には母ゾフィーの写真が貼られ、三頁目の Kinder （ドイツ語で子供を指す）という欄に Edith とエディスの名前が記されている。

ヴィザ・リストの七月二四日発給分を見ると通し番号八番目に Sophie Finkelstein と確かにその名がある。同日発給の通し番号七番には Louis Finkelstein とあり、エディスに確認すると、彼女の父親だそうだ。すなわち、二枚のヴィザで三名の命が救われたことになる。

『六千人の命のビザ』にも、子供を同行していた例もあるので、実際に救われた人数が多くなると記されているが、このフィンケルシュタイン一家のように、親のパスポートに子供の名前も併記されていたケースが比較的スタンダードなものであったと思われる。言い換えれば、一律に一枚のヴィザで家族全員の渡航が可能であったというほど単純なものではなく、あくまでパスポートに併記されているという前提で、家族、特に子供が救われた例もあるということであろう。

様々な工作の痕跡《こんせき》

このように考えると、六〇〇〇人を想定すれば、二一三九通のパスポートに平均して二人の子供の名前が併記されていた計算となり、現実問題としていささか無理が生じてくる。全員が結婚していて子供がいたとは考えにくいからだ。

虚心坦懐《きょしんたんかい》にヴィザ・リストを眺めると、一つ不思議なことに気づく。日付ごとの発給数を比べると、八月二二日あたりから一日あたりのヴィザ発給数が激減していることがわかる。これは何を示すのであろうか。

幸子夫人に直接質問したことがあるが、領事館の閉鎖が迫った八月末にはヴィザを求める人々は増えることはあっても決して減りはしなかったという。『六千人の命のビザ』には、八月に入るとヴィザの発行にあたり番号を付すことも止《や》めてしまい、正確な発給数はわからないとも記されている。しかし、ヴィザ・リストを見る限り、一応一～二一三九まで通し番号は付されている。この矛盾を合理的に説明する方法はあるだろうか。

ここで幸子夫人の役割とヴィザ・リストの作成過程の二つを検討する必要がある。まず、幸子夫人の役割だが、杉原は幸子夫人に将来危害が及ばないようにヴィザ発給作業を手伝わせなかったという。そのため彼女は、間近でヴィザ発給状況を見ていたわけではないということを見落としてはいけない。

またヴィザ・リストは、次に述べるような事情で、カウナスではなく、後の任地であるプラハで整理されたので、その作成プロセスに謎《なぞ》を解く鍵《かぎ》が潜んでいる可能性は大きい。

カウナス領事館を閉鎖した後、在ドイツ大使館があるベルリンに出頭した杉原に、駐プラハ総領事代理の椅子《いす》が待っていた。そして在プラハ総領事館在勤中に、日本では彼が発給したヴィザを携えて来日した人々が問題化していた。日本まで来たが、行き先国の受け入れ許可がない、あるいは旅費の持ち合わせがないということで多くの避難民が日本に滞留することになったのだった。

事態を重く見た外務本省から、プラハの杉原のもとにカウナス在勤時のヴィザ発給数、特にユダヤ系避難民に発給したヴィザの枚数を問い合わせる電報（一九四一年二月四日発）が送られた。これに対して、発給数を報告する返電をすぐに送り（二月五日発）、同月末になって送った公信へヴィザ・リストを添付したのだ。二月四日の電報に対して二月末というのはいささか時間がかかり過ぎではないか。しかも、二月五日に送った返電には二一三二名に発給したと明記してある。ヴィザ・リストに比して七人少ない。二月四日から二八日まで杉原は何をしていたのであろうか。

この問題に対する回答は、公信本文に明記されている。本文中、杉原はプラハの総領事館閉鎖と新たにケーニヒスベルクに総領事館を開設する事務に追われ、リストの送付が遅くなったと釈明している。杉原は三月には新たにケーニヒスベルクに総領事館を開設し、異動することになっていたので、総領事館の閉鎖と開設という重要任務が重なり、前任地の残務整理であるリストの送付が遅くなったという釈明は説得力がある。

問題はむしろ、この段階でリストの整理が可能なだけのデータを持っていたということではないか。公信には「査証調書」は別便で送るとある。この査証調書とは一体何だったのだろうか。

プラハ総領事代理を務めた時期に発給したヴィザのリストは、今度はケーニヒスベルクに異動してから本省に送っている。そのさいの公信にも査証調書は別便で送ると記されているのだが、こちらは査証調書そのものが同じ記録ファイルに綴じられている。

プラハ在勤中の査証調書を確認すると、一人一人、名前、国籍、パスポートナンバーと発給日、職業、家族、渡航目的などが記され、写真まで添付されている。これと似た資料をプラハまで持参していたからこそ、リストの整理が可能であったのだろう。しかし、カウナス領事館の閉鎖が極端な混乱状況下で行われたため、その整理に時間がかかり、七名の誤差が生じたのではないかと思われる。カウナスにおける最後の日々の混乱状況を生々しく伝えているといえよう。

なお、プラハで発給したヴィザの問題は杉原という外交官の活動の中でも特筆に価《あたい》するので、後ほど詳述することとしたい。

シナリオの全貌《ぜんぼう》

ここで確認された情報を整理すると、次のようなシナリオが考えられる。杉原は、カウナスでのヴィザ発給にあたり、プラハ在勤時同様、当初は詳細な情報を記録していた。しかし、あまりの避難民の多さに、一九四〇年八月初めの段階で調書を簡略化した。幸子夫人の回想にある番号を付すのを止めたという記述は、正確な調書をとることを止めたことを意味するのではないか。おそらくメモ程度の簡単なものに切り替え、ヴィザを発給し続けたが、それでも追いつかなかった。

そこに、本省からは後述するように「外国人入国令」厳守を命じる電報も送られて来た。ついに、八月二二日からはメモすらろくにとらなくなったので、一日あたりの発給数はリスト上激減したのではないか。

では、なぜ全面的にメモをとることを止めてしまわなかったのか。形式上一日あたりほんの数名でも毎日発給していたことになっているのはなぜか。

先に杉原は盛んに本省の目を惑わす「イリュージョン」構築に努めていたと述べたが、このリストにも「イリュージョン」の痕跡が垣間見《かいまみ》られる。例えば、七日に一日リスト上ヴィザを発給していない日があるので不思議に思って調べると、それはちょうど日曜日にあたっていた。さすがに日曜日には休んでいたのだろうか。幸子夫人に確認したところ、「日曜日でも大勢の方が押し寄せてきたのでヴィザを出し続けていた」との答えだった。

歴史研究において、本人や遺族の証言は割り引いて考えるべきであることは常識だが、この場合は幸子夫人の回想どおりではないかと思われる。なぜなら押し寄せてきた人々の多くがユダヤ系の人々であるからだ。ユダヤ人にとって、安息日は金曜日の夜から土曜日であり、この間は一切の労働が禁止され、雨が降っても傘をさすことすら許されない。信仰の民であるユダヤ人が安息日の土曜日でもヴィザを求めて領事館を囲んでいたのだから、ましてや日曜日など無視して押しかけたことは想像に難くない。

だが、日曜日の日付では、それからの長い旅路において、どこかで「このヴィザの発給日は日曜日なので、領事館が開いているはずはないから、偽造であろう」といった嫌疑をかけられる危険性がある。そこで、杉原は日曜日には発給していなかったかの如《ごと》くリストを調整したのではなかろうか。

同様にして、リストが仮に八月二一日で終わってしまっては、それ以後の日付のヴィザが信用されないとの心配から、「イリュージョン」を完成させるためにも毎日数名分はメモをとり、リストに反映させていったのではないか。状況証拠からの推測ではあるが、そのように考えれば理にかなっていると思われる。

ここまで来ても、もう一つ大きな問題が残っている。別便で送られたはずの「査証調書」はどこに消えてしまったのだろうか。これについては、残念ながら全く見当がつかない。外務省に届いていれば、在プラハ総領事館から送られた調書と同様にファイリングされるはずだが、膨大すぎて別途ファイリングされ、現在もどこかに眠っている可能性もないわけではない。第二次世界大戦下なので送付途中に何らかの事故があった可能性も否定できない。あるいは、様々な工作を施したがゆえに、杉原自身が調書を送ることをためらった可能性もあろう。この問題に関しては、残念ながら現段階では「迷宮入り」と言わざるを得ない。

メラメド・ヴィザが明かす大量発給の秘密

杉原がヴィザを発給し続けていた八月一六日に本省から発せられた電報第二二号、そして同電報に対する杉原の対応は、杉原ヴィザの本質を明らかにする上で重要である。

同電報には、カウナス領事館で発給された日本通過ヴィザを持参し、アメリカ、カナダ方面への渡航を希望するリトアニア人の中には、行先国の入国手続きが済んでいない、あるいは十分な旅費を所持していないため日本への上陸を許可できない者がいて対応に苦慮していることが記されている。その上で、今後はヴィザ発給規定を厳守することを命じているのだ。

八月一六日にこのような内容の電報が発出されたことは、その時期に杉原ヴィザを持参した人々が続々と日本に到着しつつあったことを意味する。先にも記したように当該期日本と東ヨーロッパとの往来には、約二週間を要したので、七月後半にヴィザを発給したことから勘案すれば、見事に辻褄《つじつま》が合う。

杉原にとっては、想定の範囲内であったのではないかと思われる。なぜなら、それを裏付ける物証が存在するからである。

レオ・メラメド氏、ポーランド生まれのユダヤ人であり、両親とともにリトアニアに逃れ、杉原からヴィザの発給を受け、日本を経由してアメリカに逃れた一人だ。戦後にアメリカ経済界の重鎮として活躍し、シカゴ・マーカンタイル取引所の所長を務めた人物である。手嶋龍一教授は、メラメド氏へのインタビューからインスピレーションを受け、インテリジェンス小説『スギハラ・ダラー』の主要登場人物のモデルにしたほどである。

メラメド氏は、「金融先物取引」の先駆者として名高い。また、あの「ブラック・マンデー」の混乱の中、アメリカ各地の取引所が取引を中断する状況において、シカ

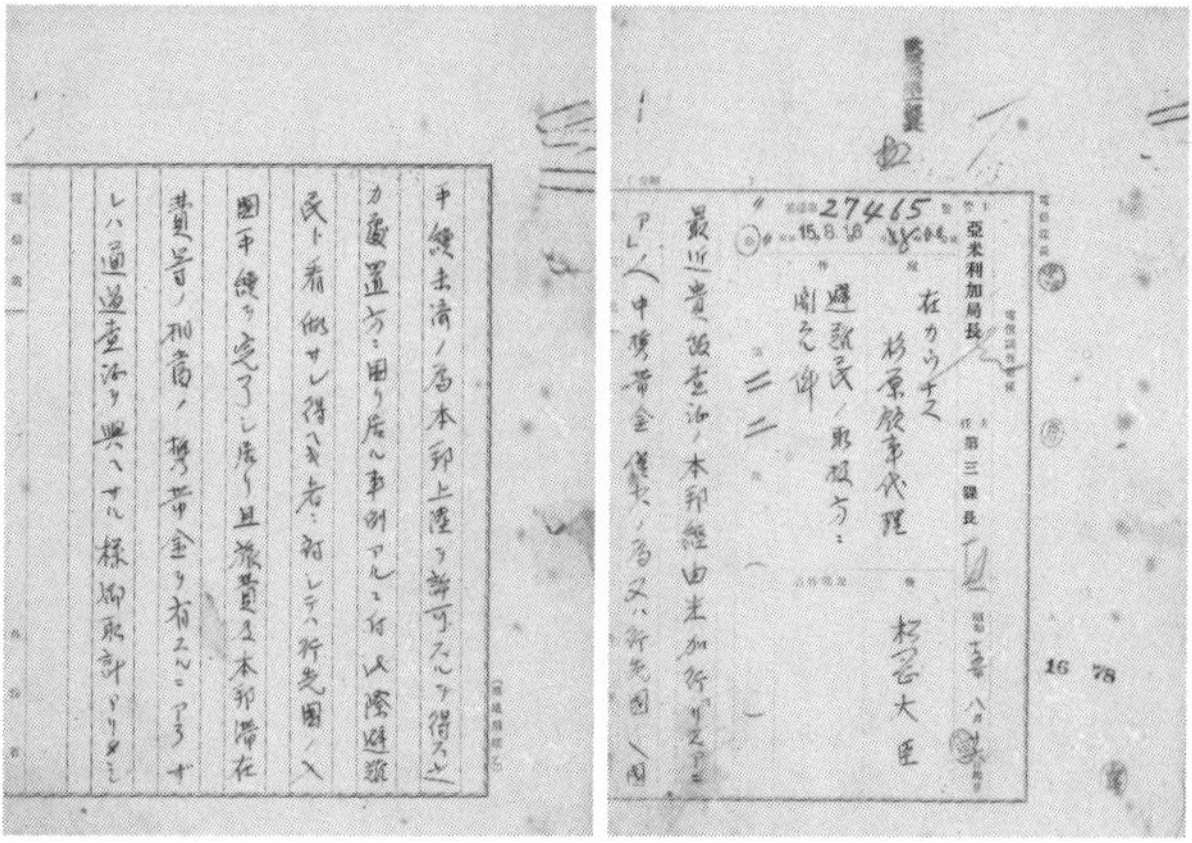

亜米利加局長
第三課長
27415
15.8.16
在カウナス
杉原領事代理
松岡大臣
避難民ノ取扱方ニ関スル件
二二
最近貴館査証ノ本邦経由米加行
人中携帯金僅少ノ為又ハ行先国ノ入国
手続未済ノ為本邦上陸ヲ許可スルヲ得ス之
カ処置方ニ困リ居ル事例アルニ付以後避難
民ト看做サレ得ヘキ者ニ対シテハ行先国ノ入
国手続ヲ完了シ居リ且旅費及本邦滞在
費等ノ相当ノ携帯金ヲ有スルニアラサ
レハ通過査証ヲ与ヘサル様御取計アリタシ

電報第二二号（外交史料館所蔵）

ゴ・マーカンタイル取引所だけは、通常どおり取引を続けたことでも有名だ。手嶋教授がその理由を尋ねると、「どんな津波が来ようと、マーケットを閉じようなどとはつゆほども考えなかった。なぜなら私はスギハラ・サバイバルだからだ」と答えたそうだ。手嶋教授は、メラメド氏の発言を次のように分析する。

曰く、スターリニズムとナチズムという、現代史の中で最も凶暴な二つの全体主義の狭間から杉原の命のヴィザによって生き延びた彼にとって、「自由な取引」は市場を担保する至上の存在。この自由こそが、アメリカをアメリカたらしめる根源だった。先物取引をいち早く開発し、いわば資本主義の切っ先、自由の先頭を走るマーカンタイルを、自らの手で閉じるなど思いもしなかったというのです――。

ヒトラーやスターリンによる抑圧を経験したメラメド氏だからこそ、自由の尊さを誰よりも熟知している。金融危機のさなかに無謀とも思える取引所の通常取引を続けたのは、自由を守るための彼の戦いに他ならなかったのではないか。そのことを端的に示すのが自分は「スギハラ・サバイバル」との一言であろう。

ちなみに、メラメド氏は、二〇一四（平成二六）年に来日した際には、安倍晋三総理大臣を表敬訪問し、「自分の成し遂げた全てのことは、杉原の行動なくしては不可能であった」と語り、安倍総理も杉原の偉大な影響力を再認識したそうだ。また、メラメド氏は杉原の遺族とも感動の対面を果たし、かつて日本に上陸した思い出の地である敦賀《つるが》、さらには杉原が通った早稲田大学などを訪問した。

そのメラメド氏が今も大切に所持しているヴィザ（母親のパスポートに彼の名前も併記されていた）を確認すると、重要な点が次々と明らかになる。

杉原がヴィザ発給を開始した当初のヴィザは全て手書きであったが、メラメド氏の家族がヴィザの発給を受けた時点では、渡航先、日付などわずかな部分を除き、大部分がスタンプとなっていることは、重要なポイントであろう。杉原の署名すらスタンプとなっているので、これならば、短期間で大量発給も可能となる。

杉原自身にそのようなスタンプを作っている時間的余裕などあるはずがないので、誰が作ったのかは興味深いところである。ワルシャワ大学で対日関係を研究しているエヴァ・ルトコフスカ教授の調査によると、杉原の直筆を模してポーランド人たちが作ったとい

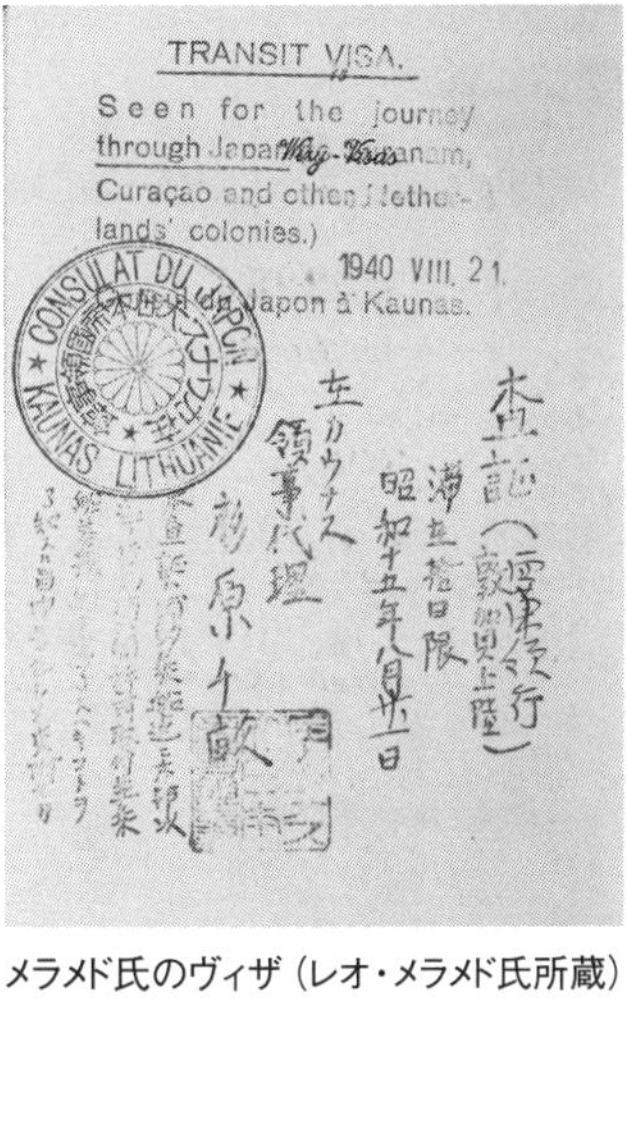

メラメド氏のヴィザ（レオ・メラメド氏所蔵）

うことだ。ここにも日本とポーランドの協力の跡が残っているのである。

一枚のヴィザに記入すべき内容全てを一つのスタンプにすることは困難である。メラメド氏のヴィザを確認したところ、領事館印をのぞき、最低でも四種類のスタンプが作られていたことがわかる。その一つに極めて重要な内容が記されているのだ。

曰く、本査証は、ウラジボストークで日本行きの船に乗るまでに、行先国の入国許可を取り付けること、日本から出国する際の乗船券の予約を完了することを約束したので、交付した——。

この文面こそ、杉原が電報第二二号でヴィザ発給条件の厳守を命ぜられた後もヴィザを発給し続けるための口実であったのだ。杉原は、領事館閉鎖まで電報第二二号に対する返事を送っていない。そして、発給条件を満たしていない避難民にもヴィザを発給し続けていた。その際の拠《よ》り所《どころ》こそ、先の行先国の入国許可などの手配をする約束と引き換えにヴィザを出したという「特殊措置」の文面なのだ。

杉原第二の決断Ⅱ「奇跡のイリュージョン」

メラメド氏のヴィザには、一方で不思議な点がある。メラメド氏の両親の名前は、ヴィザ・リストの八月一二日に記されている。しかし、実際のヴィザには八月二一日発給とあるのだ。この点については、現段階ではその原因が皆目見当がつかない。今後さらに現存するヴィザの情報を集め、検討していく必要があるかと思われる。

しかし、どちらの日付が正しいにしても、杉原が電報第二二号の趣旨の電報が送られてくることを予見していたことの証明にはなるかと思われる。メラメド氏のヴィザがリストどおり八月一二日に発給されたものであれば、既に「特殊措置」の文面が記されたスタンプが用意されていたのであるから間違いない。仮に、ヴィザ本体に記されたとおり、八月二一日に発給されたものであるとしても、一六日に第二二号電を受け取って、二一日までに「特殊措置」を記したスタンプを慌《あわ》てて用意したということは考え難い。既に、発給条件厳守の電報が送られてくることを想定していたからこそ、スタンプの準備も間に合ったと考えるべきであろう。

いずれにしても、ヴィザ発給の厳守を命じる電報を受け取って、なおかつ発給を続けるには相当な決意が必要だったと思われる。杉原が七月後半にヴィザ発給を決意したことも、職を失う危険すら覚悟した大きな決断であった。しかし、電報第二二号を受け取った後もヴィザを出し続けることは、遥《はる》かに大きな危険、「明白な訓令違反」の烙印《らくいん》を押されかねない危険をともなう決断であったと言えよう。

訓令違反を覚悟でただヴィザ発給を続けても、発給するヴィザが有効なものでない限り、それは単なる自己満足に陥る危険がともなう。彼のインテリジェンス・オフィサーとしての研ぎ澄まされた感覚は、電報第二二号を全く無視した場合、八月一六日以降に発給したヴィザが、「本国の命令を無視して出されたヴィザ」として無効とされてしまう危険性を察知していたのであろう。

そのようになった場合、一番苦しむのは彼のヴィザを持参して日本にたどり着く避難民たちだ。だからこそ、ぎりぎりのところで、訓令違反はしていないという形をとる必要があったのだ。そのために考えたのが先の「特殊措置」を記したスタンプであると位置付けられよう。

本省からの訓令に背いていないように見せかけることは、彼の身を守る以前に目の前の避難民たちを救うために必要だったのだ。すなわち、この「特殊措置」のスタンプこそ、杉原が編み出した「奇跡のイリュージョン」、本省からの訓令を守っていたかのように見せるための必要不可欠なアイテムであったのだ。

謎の電報第六六号

電報第二二号に対する返事を引き延ばし、ヴィザ発給を続けた杉原であったが、外務本省の動向を探ることも忘れていなかった。八月二四日にはミステリアス極まりない電報第六六号を送ったのだ。主旨は、レオン・ポラクという人物へのヴィザ発給の可否を問い合わせる内容なのだが、違和感を禁じ得ない不思議な電報で、真の意図は別に存在するようだ。

リトアニアに避難中のポーランド系ユダヤ人工業家レオン・ポラク五四歳は、妻子とともに渡米することを計画し、その年の二月からニューヨーク在住の従兄《いとこ》を通じてアメリカ政府へ入国許可申請を出している。彼より約一カ月早く手続きを開始した妻子には、八月一日にカウナスでアメリカの入国ヴィザが下付され、その後日本の通過ヴィザを発給済みである。

ポラク本人にも近くアメリカの入国ヴィザが発給される見通しであるが、八月一七日に在リトアニア・アメリカ公使館は引き揚げてしまったため、手続きは日に日に困難となっている。そこで、日本でアメリカの入国ヴィザを受け取ることとし、妻子とともに出発したい。そのため、特別に日本の通過ヴィザを発給して欲しいと申し出ている。旅費も十分持ち合わせていて、彼の説明には何ら疑わしい点もないので、ヴィザを発給してもよいかと問い合わせる内容であった。

一読して単なる事務的な電報とも読める。しかし、既に「外国人入国令」の規定を超えたヴィザを大量発給しているさなかであり、法令遵守《じゅんしゅ》を命ぜられた電報第二二号を受け取っていたにもかかわらず、何を呑気《のんき》にこのような電報を送ったのかというのが第一の疑問だ。

観測気球

さらに不思議なことがある。ヴィザ・リストを確認すると八月二日にLeon POLAKという人物にヴィザが発給されていることだ（通し番号八三六）。電報第六六号で問題となったレオン・ポラクと八月二日にヴィザを発給されたLeon POLAKが単に同姓同名の人物であったという可能性もあり得なくはない。

だが、ここでは、電報第六六号のレオン・ポラクと八月二日にヴィザの発給を受けたLeon POLAKが同一人物であったとの仮定のもと、一つの仮説を提示したい。

そもそも杉原は、本省サイドが、日本に滞留する危険がある人物へのヴィザ発給を禁じているにもかかわらず、「外国人入国令」の必要条件を満たさない人々へも独断でヴィザを出し続けていた。八月一六日の「外国人入国令」の厳守を命じる電報第二二号に接した時、杉原の脳裏に何が浮かんだのだろうか。

もちろん、押し寄せる避難民たちを見捨てて出国してしまう方法も考えられた。しかし、彼にはそれができなかった。彼のインテリジェンス・オフィサーとしての研ぎ澄まされた感覚は、本省からの電報を全く無視した場合、せっかく発給したヴィザが、「本国の命令を無視して出されたヴィザ」であるために無効とされてしまう危険を察知した。

電報第二二号が到着した後に、ヴィザを発給し続け、そのヴィザを有効なものとする何らかの細工が必要であると考えたのではないか。その挙げ句に思い浮かんだのがポラクのことだったのであろう。

以前ヴィザを発給したポラクの場合、発給段階でこそアメリカの入国許可はとれていなかったが、近日中にとれる見込みであり、旅費も十分持っている。避難民の中では比較的発給条件を満たしている人物と見なされる。そこで、ポラクに対するヴィザ発給の可否を問い合わせる電報第六六号を出すことにより、杉原は外務本省が「外国人入国令」の拡大解釈を認める余地があるかを試したのではないだろうか。

言わば電報第六六号は、本省の対応を見極めるための「観測気球」であったと思われるのだ。ちなみに、第六六号が発出されたのは、先にも述べたとおり八月二四日であるが、リスト上ヴィザ発給数が激減したのが二二日であるので、両者の間には何らかのかかわりがあった可能性も考えられる。

この「観測気球」に対して、本省は八月二八日の電報第二三号で、ポラクに対してはアメリカの入国許可が与えられた後にヴィザを発給するようにと命じた。既に在リトアニア・アメリカ公使館が引き揚げてしまったことは伝えているにもかかわらず、本省からの回答は至って杓子定規《しゃくしじょうぎ》であった。

杉原はついに領事館閉鎖まで先の電報第二二号に返事を出さずに、その間ひたすら避難民へヴィザを出し続けた。幸子夫人の回想によると八月二八日には領事館を閉鎖したとあり、ヴィザ・リストの最後の日付は八月二六日になっているので、領事館における必死のヴィザ発給は、遅くとも二八日には終わったと思われる。

決意の電報第六七号＝「杉原イリュージョン」の完成

領事館を閉鎖し、ヴィザ発給を終えた杉原であったが、まだ重大な作業が残っていた。引き延ばしていた電報第二二号に対する回答である。すなわち、八月一六日に同電報を受け取った以降に発給した大量のヴィザを有効とするための最後の仕上げをする必要があったのだ。九月一日に本省に送った電報第六七号がそれである。
　この電報の重要性に鑑《かんが》み、重要部分を原文どおり紹介することとしたい。ただし、旧字は新字に改め、またカタカナ混じり文は、読み辛く感じる方が多いと思われるので、平仮名に改めた。

　貴電第二二号に関し
　当国避難民中には近くに中南米代表なきと当館の引揚切迫を見越し先《ま》つ以《もっ》て現在唯一の通過国たる我査証方願出る者あり而《しか》も我査証は蘇側（ソ連側）に於《おい》ても米国方面出国手続上の絶対条件となし居《お》る等事情斟酌《しんしゃく》に値するものあるに鑑み確実なる紹介

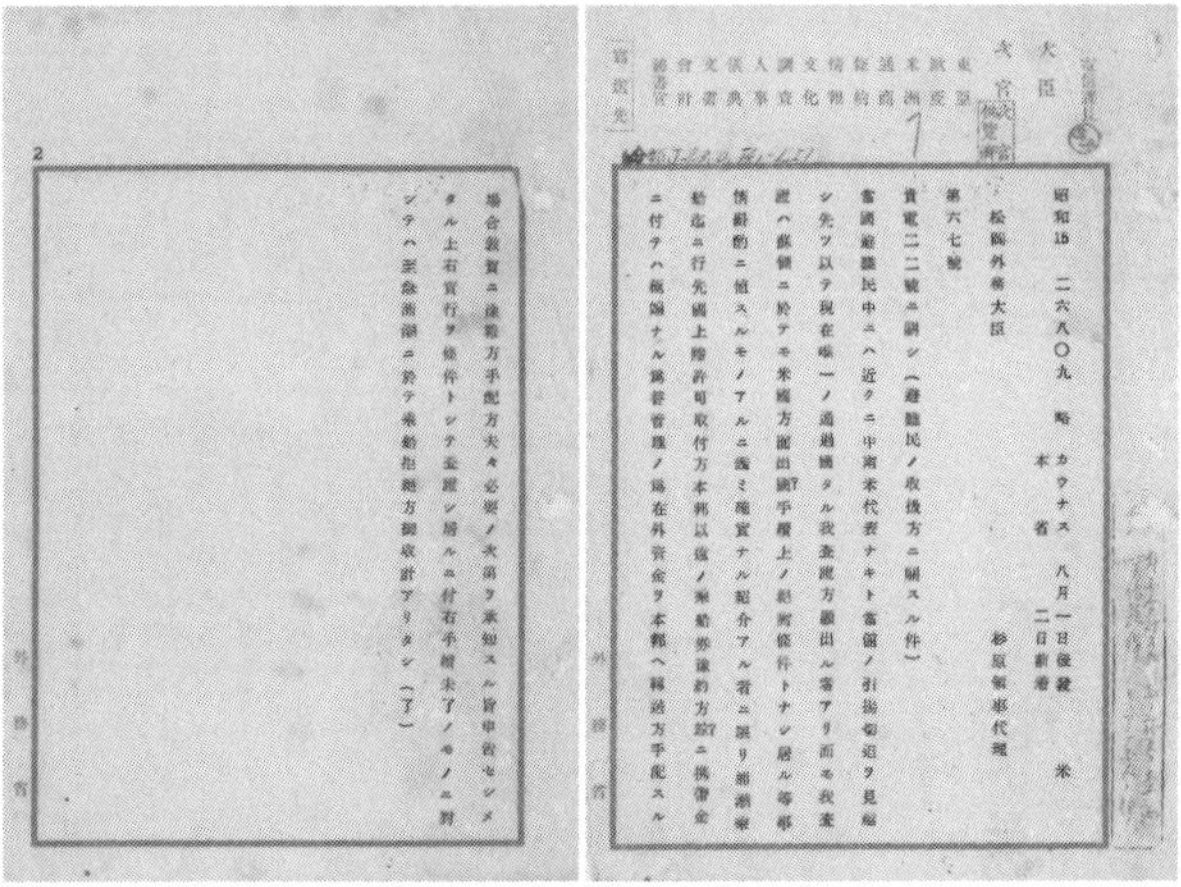

電報第六七号（外交史料館所蔵）

ある者に限り浦潮（ウラジボストーク）乗船迄《まで》に行先国上陸許可取付方本邦以遠の乗船券予約方並に携帯金に付ては極端なる為替管理の為《ため》在外資金を本邦へ転送方手配する場合敦賀に予報方手配方夫々《それぞれ》必要の次第を承知する旨申告せしめたる上右実行を条件として査証し居る（後略）（一）内白石

この電報の最も重要な点は、「確実なる紹介ある者に限り浦潮乗船迄に行先国上陸許可取付方本邦以遠の乗船券予約方並に携帯金に付ては極端なる為替管理の為在外資金を本邦へ転送方手配する場合敦賀に予報方」という部分である。新たに携帯金の手配の条件が加わってはいるが、基本的にはメラメド氏のヴィザに捺《お》されたスタンプの「特殊措置」そのものである。これらの条件を守ることを納得させた上で、特別にヴィザを出していることを報告しているのだ。

なぜこのような電報を出したのか、そこから考えてみたい。現在残っているこの電報には、八月一日発とタイプされているが、これは明らかな間違いだ。八月一六日に送られた電報の返事が八月一日に送られることは考えられない。本省でタイプ浄書するにあたり、九月一日と打つべきところを誤って八月一日と打ち間違えたのであろう。この九月一日にこそ重要な意味がある。

先にも記したとおり、ヴィザ発給を終えた後にこの電報を送ったのだが、それ以外にもう一つ重要な意味がある。リトアニアから日本に到着するまでには約二週間を要した。八月一六日以降に発給したヴィザを持参した避難民たちが日本に到着する前にこの電報を届かせる必要があったのだ。さもなければ、わざわざ作成した「特殊措置」のスタンプの意味が失われてしまいかねない。九月一日は、ぎりぎりの日にちでもあったのだ。

電報第六七号の到着以前に、「特殊措置」のスタンプが押されたヴィザを持参した避難民が到着しても、日本の官憲にはスタンプの意味が十分伝わらないのは自明の理であろう。だからこそ、ソ連によるリトアニア併合という特殊事情、特に、他国の在外公館は引き揚げ済みであり、日本の通過ヴィザが避難民たちにとって唯一《ゆいいつ》の「命の綱」である事情を説明した上で、彼らのおかれた状況は同情に値すると断じ、スタンプに記した「特殊措置」と同様の内容を電報で報告したのである。

ここで、杉原は電報第二二号を無視したわけではなく、同電報の意向を踏まえた上で、避難民たちには同情すべき点が認められるので、条件付でヴィザを発給していることを訴えたのだ。この電報があって初めて「特殊措置」を記したスタンプの重要さが伝わるのである。

さらに注目すべきことは、既にヴィザ発給を終えていたにもかかわらず、電報第六七号には、あたかもヴィザ発給を続けているかのごとく「現在進行形」で書かれていることだ。通常このような場合事後報告として「過去形」にする、または「特殊措置」をとったのであるから、「承認を求める」文面にするのが普通であろう。しかし、杉原はあえて「現在進行形」にしており、ここにも杉原らしい緻密《ちみつ》な計算を感じさせる。

杉原にとって、一番恐れたことは電報第六七号で訴えた特殊事情を全面的に否定されることだ。現場の勝手な判断で発給したヴィザは認められないという返事が来ることだけは避けねばならなかった。そのためには、あえて「現在進行形」を用いることによって、本省サイドに「まずは、早急にヴィザの発給をやめさせなくては」というある種の「焦り」を生じさせることを狙《ねら》ったのではなかろうか。

杉原からの電報第六七号に接した本省サイドは、同電報が九月二日午前に到着すると、その日のうちに返事を起案し、翌日には電報第二四号として送ったのであった。その内容は、杉原からの電報にあるような避難民たちの対応に困っている。「以後は」電報第二二号で伝えてあるように、厳重にヴィザ発給の規則を守るようにというものであった。

この電報を受け取って、杉原は快哉《かいさい》を上げたに違いない。「以後は」という言葉を引き出したのだ。「以後は」とある以上、これまで発給したヴィザは済んだことなのでもはやどうしようもないが、これからはそのような発給はしないようにという意味にとるのが、ごく普通の日本語の読み方であろう。

この電報からは、彼自身の処分は不明である。彼には、何らかの処分を受ける覚悟は既にできていたが、電報第二四号により、少なくとも彼が発給したヴィザの有効性は認められたのだ。電報第二二号に全面的に抵抗するのではなく、拡大解釈の結果ヴィザを発給したとの形を整え、結果的に本省サイドをして、渋々ながらもヴィザの有効性を認めざるを得なくしたのだ。杉原の英知の結集とも言える「杉原イリュージョン」がここに完成したのである。

最後にあみ出した秘策

ソ連の命令もあって領事館は閉鎖した。また、ヴィザ発給に必要不可欠な公印も次の任地であるベルリンに送ってしまった。ヴィザ発給はもはや不可能であった。しかし、ヴィザを発給されていない避難民は多数残っていた。

ここで、杉原は普通の外交官では考えつかない行動に出る。杉原は、疲れを癒《いや》すという口実で市内のホテル・メトロポリスに数日滞在したのだが、ここでヴィザに代わる渡航許可証の発給を始めたのだ。領事館として借りていた建物には、ホテル・メトロポリスに滞在しているとの張り紙を残したので、避難民たちはこのホテルにも押しかけたのだった。

ホテル・メトロポリスは、今日なおカウナスの繁華街の中心に位置する伝統あるホテルだ。二〇〇二年に筆者が初めてカウナスを訪問したさいに、事前に杉原記念館の館長と電子メールで連絡をとり、ホテルの宿帳が残っていないか確認して貰《もら》った。残念ながらホテルの回答は、たびたび経営者が代わったため、第二次世界大戦中の宿帳が見あたらないとのことだった。

先に述べたように、リストは一応八月二六日で終わっている。しかし、リストが不完全なことは検証したとおりであるので、何日までヴィザを発給し、何日に領事館を閉鎖したか、客観的な証拠が欲しいところだ。

何日からホテルに滞在したかがわかれば有力なヒントになると思えたのだが、残念ながらその確認はとれなかった。

ちなみに、二〇一〇年に筆者が再度カウナスを訪問したさい、ホテル・メトロポリスにも立ち寄ったが、ホテル側は、そのような重要な歴史の舞台になったことを大変喜んでいた。杉原に興味をもつ世界中の人々が同ホテルを訪れる日は遠くないかも知れない。

幸子夫人は二八日に領事館を閉鎖したと記しているが、後述するように四日ないし五日にカウナスを発《た》っているので、いささかホテル滞在が長すぎるように思える。杉原自身は電報で九月四日に領事館を閉鎖し同日夜カウナスを発ってベルリンに向かったと報告しているが、この電文ではホテル滞在のことが全く無視されている。さらには、夜に出発したというのも腑《ふ》に落ちないので、ここにも杉原による「イリュージョン」構築の可能性を感じざるを得ない。

夜の出発が腑に落ちないというのは、次のような事情による。杉原はホテル出発後も、カウナス駅の待合室で、さらには列車の出発まで窓越しに渡航許可証を出し続けたのだ。これは幸子夫人の回想だけではなく、当時領事館がおかれていた建物の上の階に住んでい

リトアニア出国直前まで渡航許可証を発給し続けたホテル・メトロポリス

たイェドビーガ・ウルビーテの弟が『中日新聞』のインタビューに答えて証言している。駅で避難民の群れに囲まれながら渡航許可証を書いている杉原を見かけたのだが、あまりにも大勢に囲まれていたので声をかけることができなかったというのだ。

幸子夫人とウルビーテの弟による証言、いずれも夜ではなく、昼間の出発だったとしている。長男弘樹がまだ三歳、三男の晴生に至ってはこの年の五月二九日に生まれたばかりだったので、夜行列車の旅ではなく、昼間の出発であったと考える方が普通であろう。

これも状況証拠からの推測にすぎないが、杉原からの電報第六七号に対する返電である本省からの第二四号電の発出が九月三日なので、杉原の手元には時差の関係もあり、三日のうちには届いたはずである。彼にとっては、「外国人入国令」の拡大解釈を巡る問題をそこまで引き延ばすことができ、思惑どおりの展開だったのではないか。第二四号電報が到着した時には、既に領事館を閉鎖した後なので、彼の発給したヴィザは「外国人入国令」の拡大解釈に関する交渉中に発給されたことになり、有効性が認められる可能性が高まった。

一方、ホテルで必死に発給した渡航許可証は、結果的には渡航を可能にするものとなったが、それはあくまで結果にすぎない。幸子夫人も戦時中の「どさくさにまぎれて」許可されたのであろうと回想している。このような有効か否《いな》か定かでない書類を乱発すると、ヴィザ発給以上に問題化する危険性があったであろう。だから、発給していた期間を少しでも短く見せるため、四日の夜には出発したと電報したのではないかと思われる。

真の国益を求めて

いずれにしても、ヴィザの発給だけでも極めて危険であったにもかかわらず、なぜ杉原はさらに危険な渡航許可証を、それも列車の発車ぎりぎりまで出し続けたのであろうか。

電報第六七号の中で杉原は、ソ連側がアメリカ方面への出国手続き上、日本の通過ヴィザが絶対条件だとしていることを伝えた。そして、彼らの事情は同情に値すると訴えている。

ここでもう一度強調したいのだが、この段階でリトアニアを併合したのはソ連であり、ドイツではない。杉原が七月二八日に送った電報第五〇号の中で、ポーランド人、白系露人、リトアニアの旧政権関係者などと同時にユダヤ人も逮捕されていることを伝えていることは先に記したとおりだ。

　この時期のリトアニアにおいて、ポーランド人やユダヤ人が非常に危険な状況に陥っていたことは、なかなか本省サイドの理解を得ることが困難であったようだ。このような現地と本省の「温度差」はこの時代非常に解消しにくい問題であった。

　現代であれば、これだけの大事件が起これば、TV中継をはじめ、多くのマスコミが現地の情勢を伝え、非常事態であることが即座に伝わってくる。しかし、当時リトアニアには、日本人は杉原一家のみという状況であり、電報だけで危機的な状況を伝えることは極めて困難だった。リトアニアに多くのポーランド系ユダヤ人が逃れていて、反ユダヤ思想の強いソ連において非常に危険な状況におかれていたことは、本省サイドの理解の範疇《はんちゅう》を超えていただろう。

　そのような情報ギャップに苦しみながらも、杉原がヴィザ、さらには渡航許可証を発給し続けたバックボーンは何だったのだろうか。

　重要なヒントが、杉原が晩年に書いた「決断　外交官の回想」（渡辺勝正編著、杉原幸子監修『決断・命のビザ』所収）という手記に残っている。

　曰く、全世界に隠然たる勢力を有するユダヤ民族から、永遠の恨みを買ってまで、旅行書類の不備とか公安上の支障云々《うんぬん》を口実に、ビーザを拒否してもかまわないとでもいうのか？　それが果たして国益に叶《かな》うことだというのか？――
外交官とはそもそも何か。彼はこの手記にわざわざ「外交官の回想」というタイトルを付している。外交官とは、国家を代表して外国との交流の最前線に立ち、母国の国益に貢献する者である。

この時、杉原からヴィザの発給を受けた人々がどのような人々であったか。彼らの大部分はシベリア鉄道に乗り、ウラジボストークに、そこから日本海を渡り、先述の福井県敦賀港に上陸した。

敦賀市史編集委員などを務めた井上脩《おさむ》氏に当時の状況を伺ったことがある。最初のうちは、比較的身なりもきちんとした人たちが上陸したが、やがてトランク一つ持たず、底が抜けた靴を仕方なく履いているような悲惨な身なりの人々が続々と上陸してくるようになったそうだ。当時の敦賀市は「ヨーロッパへの玄関」であり、多くの外国人が行き来していた。外国人を見慣れた敦賀の人々にとっても、杉原ヴィザを携えて来日した人々の姿は、浮浪者を彷彿《ほうふつ》させ、ある種の恐怖すら感じさせたのであった。

杉原は、そのような人々に手を差し伸べることが日本の将来に有益であるとの信念をもっていた。それはインテリジェンス・オフィサーとして培った国際感覚がもたらす優れた先見性でなくて何であろうか。

第七章　プラハでも発給し続けたヴィザ

「本国召還」の風説

カウナス勤務を終え、杉原は本国の命令にしたがってベルリンに向かった。カウナスでのヴィザ発給が問題視される可能性もあり、緊張しながらの大使館出頭であった。来栖三郎大使は案に相違して、ヴィザ発給問題に言及しなかった。幸子夫人の回想によれば、来栖は杉原に、プラハへ赴き、総領事代理を務めることを命じたのみだった。来栖が何ら譴責《けんせき》しなかったという幸子夫人の記述は、来栖自身が非常に優れたインテリジェンス・オフィサーであり、杉原に期待するところ大であったことから考えて事実に違いない。

来栖は、気の毒ながら、「親ナチス」と誤解されることが多い。それは、ドイツの快進撃に幻惑された日本政府が、一九四〇年九月二七日に日独伊三国同盟を結んださい、駐ドイツ大使という立場上調印式において彼が署名したことに起因する。しかし、

第四章で述べたように、親友吉田茂駐イギリス大使に同調し、ドイツとの提携を危惧《きぐ》する電報を盛んに本省に送ったことからも、彼を「親ナチス」とすることには無理がある。

ベルギー大使時代（一九三六年六月〜三九年一二月）の来栖の活躍ぶりを明らかにする史料が多数現存している。来栖によると、ベルギー政府関係者やベルギー在勤の各国外交官たちは、日本がヨーロッパの問題に利害関係が少ないと見なし、比較的容易に重要な情報を提供してくれる。そのため、ヨーロッパ情勢に関する様々な情報を本国政府に送ることが可能であったというのだ。

欧米外交筋の日本に対する見方が来栖に有利に働いていたとしても、そこから重要情報を引き出したことは彼の有能さの証《あか》しであったと言えよう。彼自身の諜報《ちようほう》感覚が優れていただけに、日本がソ連方面に伸ばす「触覚」の役割を杉原ならば果たせると期待したはずである。杉原の巧みな「アリバイ工作」と彼の資質に対する期待が相俟《あいま》って、カウナス時代のヴィザ発給が不問に付されたと見るべきであろう。

この時期、杉原が罰せられる危険性があったことを窺《うかが》わせる興味深い発言が、日本の対ユダヤ人政策を考える上で欠かせない人物から発せられている。

その名は安江《やすえ》仙弘《のりひろ》大佐。陸軍におけるユダヤ人問題の専門家で、杉原がカウナスに在勤していた当時、大連特務機関長の地位にあり、ヨーロッパから逃れてくるユダヤ人のために満洲に開放地区、言い換えれば「ユダヤ人の国家」を作ろうという壮大な計画に取り組んだ人物だ。

その安江大佐のもとを古崎博という商社マンが訪れた。彼が戦後に書いた自伝の中に次のような記述が見られる。当時三井物産に勤めていて、水銀鉱山開発のために満洲に派遣されていた古崎は、水銀鉱山の警備員として白系露人を雇いたいと思いつき、安江大佐に仲介を求めた。日時は明記されていないが、そのさいに杉原によるヴィザ発給の話題が出たこと、そして安江大佐が一九四〇年九月二七日の日独伊三国同盟締結の直後に大連特務機関長を解任されていることから考えると、同年九月中であったと考えられる。

古崎に対し安江大佐は、ドイツにおいてユダヤ人が迫害されているという、当時の日本では公表されていなかった事実を教え、満洲在住の白系露人の大部分もユダヤ人であると説明した。安江は、ドイツ軍のポーランド侵攻後、ワルシャワの日本大使館に助けを求めてきたユダヤ人の子供たち約二〇〇名を救うために一役買った秘話も明かした。同様の話として、リトアニアにいた日本領事が外務省の反対を押し切って満洲に逃げてくる一〇〇〇人近いユダヤ人にヴィザを発給して、彼らを救ったと話したのだ。さすがに陸軍きってのユダヤ人問題専門家である安江大佐の耳には、杉原によるヴィザ発給の情報が迅速に届いていたのだ。

その上で安江大佐は、「この領事は気の毒に外務省から叱《しか》られて本国召還をくらったようですがね」と付け足した。これは明らかな誤認である。この誤報がもたらされた背景には何があるのだろうか。

同時期に内務省の警保局から外務省の亜米利加《アメリカ》局長に送られた「欧州避難民に対するヴィザ附与制限に関する件」という一通の報告書がある。

曰《いわ》く、戦争の激化に伴いヨーロッパからの避難民は増加の一途を辿《たど》っている。そのような避難民の中には、日本上陸後に第三国の入国許可が得られると言って、日本の通過ヴィザを入手し、到着後に日本から渡航先国への入国手続きが取れないと言い出し、日本への永住を企《たくら》む者がいる。また、日本までの乗船券は所持しているが、それより先の旅費を持ち合わせていない者もいる。このままでは彼らは日本に長期滞留する危険があり、その対応に苦慮している。そこで、日本の通過ヴィザの発給を求める者に対しては、避難先国までの乗船券ならびに必要経費を所持し、行先国政府の入国許可を事前に取っている者でなければ、絶対に通過査証を与えないようにして貰《もら》いたい――。

内務省警保局の主張もやはり「外国人入国令」の厳守であった。この時期に杉原からヴィザを発給された杉原サバイバルが続々と日本に到着していた。日本に滞留する者が続出し、内務省が悲鳴を上げている様子が鮮明に伝わってくる。

これを受けて外務省も、在外公館にヴィザ発給条件の厳守を改めて通達した。九月三〇日には、ヨーロッパからの避難民がヴィザ発給を求めて訪れる可能性が最も高い在ソ連大使館に電報を送った。

要点は、新たな「基準」の設定である。十分な旅費を持ち合わせていることがヴィザ発給の重要条件とされてきたが、この「十分な旅費」には明確な基準がなかった。そこで、目的地到着までの必要交通費と日本滞在経費として一人当たり最低二五円見当を持ち合わせているという条件を課したのだ。曖昧《あいまい》だった「十分な旅費」の具体的基準が定められたことを通達したのであった。

さらに翌月の一〇日付で、ヨーロッパ、南北アメリカなど一四〇余りの在外公館に加え、日本郵船、大阪商船、国際汽船、日本海汽船など八社にも通知し、取締まりを強化した。これら船会社などが避難民たちにヴィザを発給するわけではもちろんない。にもかかわらず、ここまで周知徹底を図った背景には、避難民たちに接する機会の多い船会社サイドに政府の方針を伝えることにより、的確な対処が実現することを期待したものと思われる。

通過ヴィザ発給時における「外国人入国令」厳守の徹底化が求められる中、混乱を起こした張本人、カウナス領事はそれ相応の懲罰を受けたに違いないと考えた者がいて、先の「本国召還」という風説につながったのではないか。ユダヤ避難民に同情を寄せる安江大佐にしても、それがやむを得ない措置と映ったのであろう。それほど、杉原によるユダヤ避難民への通過ヴィザ大量発給は問題視されていたのであった。

実際には杉原は何ら罰せられることはなかった。時代がインテリジェンス・オフィサー杉原の能力を必要としていたためである。

杉原「第二のヴィザ・リスト」

杉原のプラハ総領事館勤務は、半年にも満たない。そのためか、従来この期間の杉原については、ほとんど研究されてこなかった。ところが、杉原はプラハでもユダヤ系避難民にヴィザを発給していたのだ。まずは、その事実を紹介していくこととしたい。

プラハにおけるヴィザ発給の記録は、二通のヴィザ・リストという形で残っている。

にもかかわらず、カウナスで発給したヴィザと比して、リスト上の発給数が極めて少ないので、プラハにおけるヴィザ発給の事実がほとんど顧《かえり》みられてこなかったと思われる。

最初のリストは、一九四一年二月四日付の駐プラハ杉原総領事代理より松岡外務大臣宛《あて》公信普通第一七号に添付され、一九四〇年一月から年末までの七三名および翌年一月の七名の計八〇名の被発給者の名前が記されている。これを杉原の「第二のヴィザ・リスト」と呼ぶこととしたい。

そのうち国籍欄に「独（猶）」と記されている者は七二名で全体のちょうど九割である。「（猶）」とは、ユダヤの漢字表記「猶太」の略で、ユダヤ人を示す。

杉原のプラハ着任は、一九四〇年九月一〇日なので、それ以降に限定すると、四二名に発給され、うちユダヤ人は三七名で、やはり全体の九割近くに達する。

ちなみに、カウナスにおけるヴィ

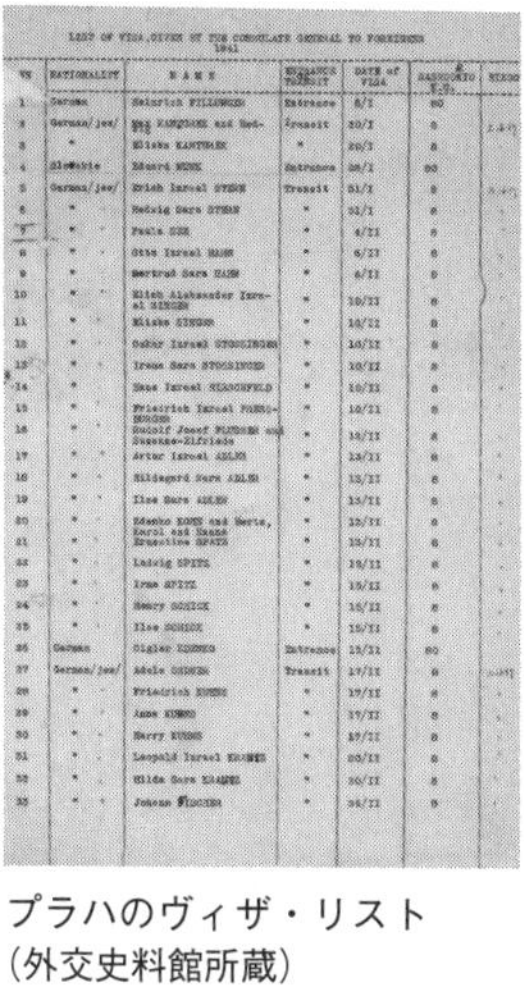

プラハのヴィザ・リスト
（外交史料館所蔵）

ザ・リストには、国籍欄にユダヤ人を示す書き込みは見当たらないが、プラハでのリストには明記されていることについて、一言説明しておきたい。カウナスで杉原にヴィザを求めて来た人々は、その大部分がポーランド国籍のユダヤ人であった。ポーランド政府発給のパスポートには、ユダヤ系ポーランド人を区別する記述がそもそもなかったのだ。しかし、ユダヤ人排斥を唱えるドイツ政府は、ユダヤ系ドイツ人のパスポートには、他のドイツ人と識別するため毒々しい真赤な「J」の一文字のスタンプを捺していたのだ。そのため、リストにもユダヤ系であることが記されたのである。

カウナスにおけるヴィザ・リストとプラハにおけるヴィザ・リストのもう一つの相違点としては、プラハのリストには目的地という欄が加わっていることが挙げられる。おそらく、市毛孝三総領事が記入していたので、それを踏襲したのであろうが、もう一つの理由として、発給数そのものが少なかったがゆえに、目的地を確認の上、記入する余裕が生まれたのではないかと思われる。

市毛総領事の在任期間も含めて、「第二のヴィザ・リスト」に記された被発給者たちの目的地を確認すると、アメリカ合衆国が一六名、そしてブラジル、ウルグアイ、メキシコ、ホンジュラス、アルゼンチン、エクアドルと、中南米諸国が三一名で大きな割合を占めていたことがわかる。また、一九四〇年末になると、目的地はほとんど上海に限定されていく。後述する「第三のリスト」では、ユダヤ系ドイツ人全員が上海を目的地としている。

当初、比較的ユダヤ系避難民の受け入れに寛容であった中南米諸国も徐々に門戸を閉ざし、やがて目的地としては上海しか考えられなくなる様子が読み取れる。

なお、翌一九四一年段階で、中南米諸国の中には、一度入国許可を与えたにもかかわらず、渡来した避難民たちの入国を拒絶する例も散見されるようになり、通過ヴィザを発給した日本としてもその対応に追われることとなった。そのためウラジボストークにおいて、避難民が持参しているパスポートを再確認し、目的国が中南米諸国の場合には日本に向かう船に乗ることを拒絶する方針を採らざるを得ないほど緊迫した状況に陥ったのであった。

その際に、駐ウラジボストーク総領事代理として彼ら避難民を救おうとした外交官がいた。根井三郎、日露協会学校における杉原の後輩にあたり、一緒に学んだ仲間でもある。彼は、目的国が中南米諸国だからという理由で、日本への渡航を禁ずるのは、日本の通過ヴィザの信頼を損なうと強く主張した。結局、彼の意見は外務本省の容《い》れるところとならなかったが、彼のように避難民に同情を寄せた外交官も少なくなかったのである。

この「第二のヴィザ・リスト」は、通常のヴィザ発給リストと比べ、いささか特異な扱われ方をしている。ヴィザ発給リストは、カウナス領事館におけるリストを含め、外務省記録の分類では旅券査証関係の「外国人ニ対スル在外公館旅券査証報告一件」というファイルに綴《と》じられる。しかし、このリストは「民族問題」のユダヤ人関係ファイルに綴じられているのだ。カウナスにおけるヴィザ・リストも、後述する「第三のリスト」も旅券査証関係に分類されているにもかかわらず、なぜこのリストは別扱いなのであろうか。

理由としては、このリストを添付した公信と入れ違いに、カウナスでのヴィザ発給数を問い合わせる本省からの電報が二月四日、杉原が公信を発送したまさに同日に発せられたため、ある種の混乱が起こったのではないかと思われる。

公信は、電報と違い先方に到着するまで日数を要し、問題の公信普通第一七号も本省に到着したのは三月に入ってからであった。しかし、綴じられたファイルには、同公信、松岡外務大臣より杉原宛電報第一〇号、そして二月五日発の杉原から松岡外務大臣宛電報第一二号の順に綴じられている。松岡外務大臣からの電報第一〇号は、カウナス在勤時にヴィザを発給したユダヤ系避難民の人数を至急電報で知らせること、そしてリストを送ることを命じたものであった。その電報と同じ日付で、しかも電報の送り先である杉原からの公信であり、しかもユダヤ系ドイツ人の名前が九割を占めるヴィザ発給リストが添付されているから、電報のやりとりに関係ある公信だと誤解されたのではないかと思われる。

話がいささか脇道《わきみち》にそれたが、「第二、第三のヴィザ・リスト」を検討する上で、一番重要なポイントは、被発給者がヴィザの発給条件を満たしていたか否《いな》かである。仮に、ヴィザの発給条件を満たしていた者にのみ発給したのであれば、その多寡《たか》は問題にはならず、通常の領事業務を遂行していたに過ぎないということになる。果たして、プラハで杉原は、ヴィザ発給の規定を厳守していたのであろうか。

ステシンジャー一家の逃避行

プラハにおける杉原のヴィザ発給の詳細が神秘のベールに包まれているのは、ヴィザ・リスト以外に関連史料が見当たらないことに加え、実際にプラハで杉原からヴィザを発給された人物の証言がほとんど見当たらないことが大きな理由となっている。

ところが、貴重な証言者が一人いるので紹介することとしたい。

アメリカの高名な国際政治学者にジョン・ステシンジャー教授という人物がいる。

オーストリア生まれのユダヤ人であり、一三歳当時にプラハで杉原からヴィザを発給された重要な証人である。ステシンジャー教授の著書 *Why Nations Go to War* のあとがき、および二〇〇一年一一月八日に広島県福山市のホロコースト記念館で行った講演記録（同記念館HPより）から、逃避行の跡をたどることとしたい。

オーストリアのウィーンで暮らしていたステシンジャー一家であったが、一九三八年三月のドイツによるオーストリア併合で、身に危険が迫ったことを察知し、チェコスロヴァキアのプラハに逃れた。チェコスロヴァキアは、第一次世界大戦後に独立し、「国父」と慕われたマサリク大統領の指導のもと民主的で、経済的にも繁栄した国家を築き上げていた。ユダヤ人も他の人々と全く同等の権利を認められ、「ユダヤ人の楽園」でもあった。

プラハに落ち着き、一安心と思った一家であったが、ドイツの魔手はチェコスロヴァキアにも迫った。オーストリア併合のわずか半年後には、ヒトラーがズデーテン地方の割譲を迫り、ミュンヘン会談を経て、チェコスロヴァキア政府の意向すら確認されないままドイツに引き渡されたのは先に記したとおりだ。

長年マサリクの下で外務大臣を務め、健康上の理由からマサリクが大統領を辞した後（二年後に逝去）、一九三五年より大統領の座にあったベネシュは、列国による「チエコスロヴァキア見殺し」を目の当《ま》たりにして、絶望のあまり大統領を辞してイギリスに亡命したほどであった。

翌一九三九年三月一四日には、ヒトラーの扇動もあり、スロヴァキアが独立し、ドイツの保護下に入ることとなった。さらにヒトラーは、同日チェコスロヴァキアのハーハ大統領をベルリンに呼び出し、徹夜で脅し続け、翌日にはチェコスロヴァキア国民の運命をドイツ国総統＝ヒトラーに委《ゆだ》ねるとの文書にサインさせることに成功した。

ここにチェコスロヴァキアは「解体」されたのであった。ズデーテンを奪われ、スロヴァキアが独立した後、残っていたチェコスロヴァキア領は、ベーメン・メーレン保護領として、ドイツの支配下に組み込まれることとなったのである。

プラハも安住の地ではなくなった。ドイツやオーストリア同様ユダヤ人迫害が始まり、ステシンジャー一家はプラハに駐在する十数カ国の領事館を訪ねてヴィザを求めたが、その年九月には第二次世界大戦が始まったこともあり、なかなかヴィザを入手できずにいた。ようやく中国の領事が上海に上陸可能なヴィザを発給したのだが、この発給にあたっては、通常のヴィザ発給手数料以上に多額の金銭を要求されたという。

やっとの思いで手に入れたヴィザを携え、通過国であるソ連の通過ヴィザを得ようとモスクワへ向かったが、モスクワで対応したソ連の担当官は、ソ連から確実に出国する保証として日本の通過ヴィザの提示を求めた。ソ連にとっては、シベリア鉄道の乗車券を彼ら避難民が購入するという経済的メリットがあるため、通過ヴィザを発給することには積極的ですらあった。しかし、避難民がソ連国内に長期滞在することを回避するため、日本の通過ヴィザを要求したのであった。

落胆してプラハに戻ったステシンジャー一家に思いがけない朗報が飛び込んだ。新たに着任した日本の総領事（正確には総領事代理だが）は、ユダヤ避難民を含め、行き場に窮した人々にも日本の通過ヴィザを発給しているというのだ。すぐに日本総領事館に向かったところ、何日か待たねばならぬほど長蛇の列ができていたという。

ステシンジャー一家の順番となり、総領事館に入ると、出迎えたのはもちろん杉原だった。ジョンの目には杉原が三〇代に見え（実際には四一歳）、優しく少年の頭を撫《な》で、ドイツ語で「君は日本語を話せますか」と尋ねた。ジョンは、日本語の「はい」をたまたま知っていたので、かろうじて「はい」と答えると、杉原は微笑《ほほえ》みながら「よろしい。ヴィザを出しましょう」とすぐにヴィザを発給したのであった。

日本の通過ヴィザを手に入れたことにより、ソ連側も約束通りすぐに通過ヴィザを発給したので、ステシンジャー一家は一九四一年三月一〇日にプラハを発ち、日本を経由して上海に逃れることができた。そして、太平洋戦争の間上海で無事に過ごし、戦争終結後にアメリカへ渡ったのであった。

彼らが去ってからおよそ半年後にドイツ親衛隊（SS）ナンバー・ツーの実力者と言われ、ユダヤ人問題の最終的解決（すなわち虐殺《ぎゃくさつ》）の実行推進にあたり中心的役割を果たしていたハイドリヒがベーメン・メーレン保護領の総督代理として着任してきた。彼は、着任早々、その年の年末までには保護領を「ユダヤ人のいない地」にすると宣言した。

翌年には、プラハ郊外のテレジーンに築かれていたかつての要塞を、主としてユダヤ人を収容するゲットーに改築した。ここでは、終戦までに約一四万人ものユダヤ人が収容され、強制労働を強いられ、働けなくなった者たちはアウシュビッツに送られ命を奪われた。そのため「アウシュビッツが地獄ならば、テレジーンは地獄の控え室」と、恐れられたのであった。

ドイツの敗北によりテレジーンのゲットーが解放された際に、生き残っていたユダヤ人はわずかに約一万七〇〇〇人に過ぎず、その他の者はゲットー内または

テレジーンのゲットー

アウシュビッツで命を奪われたのであった。ゲットーには一万五〇〇〇人もの子どもたちが親から引き離されて収容され、強制労働の末ほとんどが生き延びることがかなわなかった。もし、杉原がプラハに在勤していなければ、ジョンもまた犠牲者の一人になっていたであろう。

「第三のヴィザ・リスト」

ステシンジャー一家の物語は、ホロコーストの恐怖から果敢に脱出を図り、成功した一家のエピソードとしても興味深いが、実はもう一つ重要な側面を有している。プラハにおける杉原ヴィザ発給の実像を明らかにするための重要な鍵《かぎ》を握っているのだ。言い換えれば、「第三のヴィザ・リスト」に秘められた杉原の大胆な行動の証拠でもあるのだ。

まずは、第三のヴィザ・リストの概要を明らかにしたい。同リストは、一九四一年の初めから、杉原が駐ケーニヒスベルク総領事代理に発令となった二月末日までに発給したヴィザの被発給者三七名が記されている。ただし、リストの一から七番目までの七人は、第二のリストと重複している。第三のリストにのみ記された三〇名に関しては、日本に赴任する外交官に発給した入国ヴィザを除く二一九名全員がドイツ系ユダヤ人であり、目的地は上海、そして全員通過ヴィザである。

このリストの一二番目にオスカー・ステシンジャー、一三番目にイレナ・ステシンジャーという名前がある。ステシンジャー教授の両親ではないかと思い、思い切って同教授に手紙を書いて確認してみた。すると、しばらくして返事を頂戴《ちょうだい》し、そこには「まさに私の両親です。我々家族は杉原さんに救われたのです」との内容が英文で書かれていた。

ステシンジャー教授の著書および日本での講演の内容が信用に値することが証明された。しかし、ここで幾つかの疑問に突き当たってしまった。

第一に、杉原は第一、第二のリストでは添付していない詳細な査証調書を第三のリストのみに添付しているのはなぜだろうか。そこにどのような意味が込められているのかについては、後ほど考察することとし、ここではまず「査証調書」と杉原が称した「Declaration of Alien Entering Japan」（外国人日本入国申請書）の内容を確認することとしたい。

記載する内容は「1パスポート（a発給した管見、b発給日、cパスポートナンバー、d有効期限）、2姓名、3国籍、4住所、5出生地、6生年月日、7以前の職業および地位、8現在の職業および地位、9家族の名前および住所（a父、b母、c夫、d妻）、10渡航目的：先にも記したとおり全員「通過」、11日本への到着予定日および出国予定日、12乗船予定地および船名、13日本への上陸希望港および出国希望港、14日本における滞在候補地、15日本における知人の名前および住所、16ヴィザ発給にあたり保証人がいる場合に限り、保証人の名前と住所、17備考」である。

その上で、写真を貼《は》り署名することが義務付けられている。

また、注意書きとして概要「1．一六才未満の子供を連れている場合には、備考欄に名前および申請者との関係を記すこと。2．申請後に、記載事項の10から14に関して変更が生じた際には、直ちに発給先である在プラハ日本総領事館にその旨《むね》を申し出ること。3．申請書の諸事項を英語またはロシア語で記入すること」とある。

問題は、「第二のヴィザ・リスト」には添付しなかったこのような詳細な申請書をなぜ「第三のリスト」には添付したのかということである。先にも記したように「第三のリスト」に記された名前の通し番号一〜七までの人物は、第二のリストと重複しており、したがって発給日も第二のリストを送付した二月四日以前となる。通し番号八の人物、すなわち申請書を添付した最初の例にあたる人物の発給日は二月六日である。

そこから、考えられる一つの仮説は、二月四日の外務省からの電報第一〇号に接した杉原は、本省がユダヤ人に対するヴィザ発給問題に警戒を強めていることを感じ、規則を遵守《じゅんしゅ》していることを強調するために申請書を用意したという可能性だ。本省からの電報と行き違いに、被発給者の九割がユダヤ人である第二のリストを送ってしまったので、ヴィザ発給規則を厳守している姿勢を示す必要を感じたということは十分に考えられる。

それでは、カウナス在勤時とは異なり、プラハではヴィザ発給規則を厳守していたのだろうか。ユダヤ人であっても行き先国の入国許可を得ており、十分な旅費を携帯している者に対するヴィザ発給はなんら問題ない。プラハでのヴィザ発給数が少ないことから勘案し、プラハでは規則を遵守していたからこそ、特段問題にはならなかったと考えれば、十分説明はつく。その場合には、プラハでのユダヤ人に対するヴィザ発給は通常の領事業務の範囲を出ないこととなる。

正直なところ、ステシンジャー教授の著作と講演記録に接するまで、右の解釈が最も合理的であると信じていた。しかし、新しく着任した日本の総領事が「ユダヤ避難民を含め、行き場に窮した人々にも日本の通過ヴィザを発給している」との噂《うわさ》、そして、ステシンジャー一家が総領事館を訪れた時には、既にヴィザの発給を待つ長蛇の列ができていて、数日待たねばならなかったこととの整合性がつかない。これはどう解釈すべきだろうか。

ナチスの手からユダヤ人を救った外交官杉原千畝

ステシンジャー教授には、杉原の功績を誇大に伝える理由など存在しない。また、一三歳といえば、自分たちがおかれた危機的状況から考えても、当時のことは強烈な思い出として残り、大筋において大きな間違いを犯す可能性は低いと思われる。そこで、ステシンジャー教授の証言が正しいという前提にもとづき、解釈を試みることとしたい。

杉原は、プラハでもヴィザ発給条件を満たしていないユダヤ系避難民にヴィザを発給していたのではないかという仮説が考えられる。カウナスの場合には、ポーランド系避難民が多数滞留しており、リトアニアがソ連に併合されるという異常事態の勃発《ぼっぱつ》により、ヴィザを求める人々が殺到した。そのため、短期間での大量発給となり、非常に目立ち、本省からも注目されてしまった。

プラハの場合には状況が大きく異なる。杉原が着任した一九四〇年九月は、チェコスロヴァキア解体から一年半たっていた。ナチスの恐怖は浸透し、国外に脱出するだけの資力を持ち、生命の危機を感じている人々の大多数は脱出済みであったと考えられる。

以前よりプラハに住んでいたステシンジャー教授の母方の祖父母は、義理の息子（ステシンジャー教授の父親）の必死の説得にもかかわらず、これ以上悪くなることはないと楽観してプラハに残った。その結果、後にテレジーンゲットーに収容され、その後の消息は不明だという。

プラハの街には、国外脱出を望み、資力も有していたステシンジャー一家のような人々＝第一のグループ、国外脱出を希望するが資力のなかった人々＝第二のグループ、そして最初から国外脱出を考えなかった人々が存在した。杉原は、ヴィザを求めてきた人々のうち、第一のグループに属する人々はリストに名前を記した上でヴィザを発給した。ここまではまさに通常の領事業務と言えよう。さらに、第二のグループには、リストには記載せずに密《ひそ》かにヴィザを出した。そのように考えれば、ステシンジャー教授の証言との整合性は維持される。

二月五日の電報第一〇号に接した杉原は、より慎重に振る舞う必要を感じたからこそ、発給条件を満たしている人々の分のみ申請書をまとめて「査証調書」としたのではなかろうか。

ここで電報第一〇号はなぜ発出されたのかについて確認しておこう。本省が問題視していたのは、新たなヴィザ発給ではなく、ウラジボストークで滞留している多数の避難民であった。なぜなら、同電報を起案したのはヴィザ、パスポートなどを管轄《かんかつ》していた亜米利加局第三課であるが、回覧先がソ連を管轄する欧米局第一課であり、同課の課長によるサインが記されている。仮に新たなヴィザ発給を問題視していたのならば、同じ欧米局でもドイツなどソ連以外のヨーロッパ諸国を担当していた第二課に回覧されていたはずだ。

そこから勘案すると、電報第一〇号に接した杉原が、その後送ったヴィザ・リストに査証調書を添付したことは、いささか「過剰反応」であったと見なすことも可能であろう。しかし、カウナスで発給したヴィザの中から、わざわざユダヤ系避難民に出した枚数を問い合わせしてくる電報を受け取ったのであるから、その後の本省への報告にあたっては、慎重の上にも慎重を重ねざるを得なかったのはやむを得ないのではなかろうか。

いずれにしても、ナチス・ドイツの膝元《ひざもと》であるプラハでヴィザを発給し続けた杉原の大胆さは驚嘆に値する。カウナスでのヴィザ発給は、先にも記したとおり主としてソ連から避難民たちを救ったものであるが、プラハでのヴィザはまさに「ナチスの手からユダヤ人を救った」と位置付けられる。

幸子夫人の回想によると、プラハ在勤中に杉原を含めプラハ駐在の各国外交官が一堂に集められ、ドイツのリッベントロップ外務大臣より「諸君がチェコに留まっているのは不都合である。直ちに退去してもらいたい」と、高圧的な態度で命ぜられたという。各国の外交官が沈黙する中、すっと立ち上がった杉原は、リッベントロップを正視し、「ドイツに退去してくれと言われる覚えはない。その理由を説明してください」と言い放ったそうだ。

リッベントロップは、ヒトラーの写真を背にしてふんぞり返って椅子《いす》に腰掛け、部屋の入口には獰猛《どうもう》そうなシェパードが繋《つな》がれ、合図一つで襲いかかってくる姿勢を見せ、まさにナチス一流の恫喝《どうかつ》的雰囲気であったそうだ。ナチスの最盛期に、ヒトラーの信用も厚いリッベントロップに一歩も引かなかった杉原の度胸は、はたしてどこからきたのだろうか。

杉原は、この話を上機嫌で幸子夫人に話し、幸子夫人も痛快な思いをしたと記している。杉原のナチスに対する反感が筋金入りであったことを裏付けるエピソードである。カウナスでの行為同様プラハでの杉原の活躍は大いに語り継ぐべきであろう。

なお、最後に一つ付言しておきたい。当該期に杉原以外にも在スウェーデン公使館、在ウィーン総領事館でもユダヤ人へのヴィザ発給の例が多数見られ、特に問題化した形跡は見当たらない。これらの事例がヴィザ発給規則に則《のっと》ったものであったか否か、明らかにする史料は見当たらないが、次のことは断言できよう。すなわち、日独伊三国同盟締結後も日本の対ユダヤ人政策は、基本的に変更はなかった。三国同盟締結は、日本にユダヤ人差別をもたらすことはなかったのである。

第八章　凄腕《すごうで》外交官の真骨頂

独ソ関係情報収集の最前線へ

ヴィザ発給問題を不問に付された杉原の次なる任地として、プラハが選ばれたのはなぜだろうか。その間の事情を明らかにする興味深い電報が残っている。ソ連によるバルト三国併合直前、一九四〇年七月三一日に駐ラトヴィア大鷹正次郎公使が松岡外務大臣に送った電報第二五四号がそれだ。先述のように、当時の駐ラトヴィア公使は、エストニアとリトアニアの公使も兼ね、バルト三国に日本が派遣した外交官たちの代表であった。

この電報は、日本がバルト三国に開設した在外公館を全《すべ》て閉鎖せざるを得ない状況を踏まえ、杉原の今後の赴任先を検討した内容なのだ。大鷹公使は、カウナス領事館に代わる新たな公館開設の候補地として、リトアニアがドイツに奪われた、あのクライペダに視察旅行した。リトアニアがソ連の一部となれば、クライペダは、最もソ連に近い地域であるので、候補地に上がったのであろう。

だが、視察の結果、同地は領事館を設置するには不適当と判明した。察するに、杉原を赴任させるという前提で考えれば、主要任務は情報収集ということになる。つい先日までリトアニア領であったクライペダには、他国の総領事館など存在しない。外交官同士の交際こそ情報収集上有力な手法なので、条件的に不利なことは否《いな》めなかった。

八月末段階の来栖大使報告によると、ドイツの東プロイセンの都市ケーニヒスベルクには、関係各国が領事館などを開設する意向を示していた。事実、翌年三月に杉原が赴任したときには、アメリカの総領事館など多数の各国公館が既に設置されていたことが、幸子夫人の回想録に記されている。このことからもクライペダが情報収集上不利ゆえに不適とされたことは明らかだ。

大鷹公使も、ケーニヒスベルクの方が開設地として適当と見ていたが、そのままケーニヒスベルクに杉原だけを派遣することには不安を感じていた。ロシア語専門家である彼のみを赴任させた場合、対ソ情報収集が主任務であることが自《おの》ずと明らかになってしまう。当時、ドイツとソ連の関係がまだ良好だったので、対ソ情報収集を目的とした総領事館の開設はドイツ側も認め難いであろうし、ソ連側からドイツへ抗議が行く可能性もあると危惧《きぐ》したのだ。

この場合、ドイツ語の専門家など、しかるべき人物を正式な総領事に任命し、その下に杉原を配して対ソ情報収集に当たらせる方が、ドイツ側の了解を得やすく、ソ連との摩擦も少ないと考えたのだ。

さらに、ケーニヒスベルクへの領事館ないしは総領事館設置が不可能または時間を要する場合には、杉原を一時的にプラハへ赴任させることも一案であると提案した。当時、ドイツ占領下の旧ポーランド地域には日本の領事館などは存在しなかった。しかし、状況が変わり、将来的に開設が可能となった時には、杉原を同方面に派遣することも有益ではないか。杉原の暫定《ざんてい》的なプラハ赴任は、ポーランド諜報《ちょうほう》機関との協力関係を踏まえた上での人事であったと考えられる。

この大鷹公使電報からは、いかにして杉原を対ソ情報戦の最前線に赴任させるかについて、現場の外交官たちが腐心していた様子が明確に読み取れる。ノモンハン事件にさいして、対ソ情報専門家の「精鋭部隊」を選抜した当時は、「二軍」的存在であった杉原は、今や精鋭中の精鋭に成長し、日本外交にとって必要不可欠な存在となっていたのだ。

そのことは、在ケーニヒスベルク総領事館開設をめぐる来栖大使からのたびたびの電報からも読み取れる。

来栖大使は八月二九日の段階で、バルト三国からの公館引き揚げ後には、ケーニヒスベルクに総領事館を設置すべきだという意見を本省に送った。その理由として、建前上はケーニヒスベルクが東部ドイツの政治経済の中心地であり、ヨーロッパからの物資をシベリア経由で日本向けに輸送するさいの起点であることを挙げた。その上で、今後の独ソ関係の情報収集の適地であると指摘したが、当然彼の本音は後段の部分にあった。

一〇月一七日に送られた電報においても、ワルシャワ、カウナス、リーガ、タリンの公館を引き揚げざるを得なかった現状において、ケーニヒスベルクこそ独ソ関係観察上の重要地であり、総領事館を一刻も早く開設すべきと力説している。

杉原の派遣についても、積極的な意見を展開した。一一月二日の電報で、対ソ情報の収集を継続的かつ執拗に行うべきだと前置きしているのだ。外交電報で用いられる表現としてこの「執拗《しつよう》に」という表現は、他にあまり例を見ないことから勘案すると、来栖の強い意気込みが感じられる。さらに、杉原が培《つちか》った諜報網を一時的にでも中断することは「遺憾」であると、その重要性を高く評価した。

これに対して本省も、総領事館開設前に杉原をケーニヒスベルクに出張、駐在させても良いという許可を与えたのであった。

それでは、来栖大使も高く評価した杉原の諜報網、ポーランド諜報機関との関係はカウナス以降どうなっていたのだろうか。

カウナスで杉原と接触していた二人の将校のうち、ダシュケヴィチ中尉《ちゅうい》は、杉原一家がベルリンに向かうのを見送った後、ポーランド諜報組織の拠点であるストックホルムに逃れた。そこで、以後の活動について指令を求めた上司こそ、かつて杉原と小《お》野打《のうち》武官の計らいで満洲国のパスポートを入手してスウェーデンに逃れたリビコフスキ少佐であった。

驚くべきことに、彼らの諜報機関はモロトフがドイツを訪れ、ヒトラーやリッベントロップに対して過大な要求をして、ヒトラーを激怒させた情報を早くも入手していた。近い将来独ソ間で戦端が開かれると予想した彼らは、ダシュケヴィチ中尉に引き続き杉原と行動を共にさせることにした。プラハで杉原と合流した彼は、その後ケーニヒスベルクへも同行したのであった。

プラハもケーニヒスベルクも当時ドイツ領であったので、ダシュケヴィチ中尉にとっては、独立国であったリトアニアと比べ危険度が遙《はる》かに高まったことは言うまでもない。杉原に同行したダシュケヴィチ中尉、危険を承知で彼を連れて行動した杉原。

二人の間に深い信頼関係がなければあり得ない。

在ケーニヒスベルク総領事館の開設は翌年三月になったが、これはドイツ側の許可が遅れた結果であった。同盟国である日本の総領事館開設をドイツ側がなかなか許可しなかった理由は明らかであった。当時ドイツ側は、対ソ攻撃計画、「バルバロッサ作戦」を密《ひそ》かに準備中であり、同作戦に関しては日本側に知らせてはいけないというヒトラー自らの厳命が下っていたのである。

時まさに独ソ開戦の約四カ月前。インテリジェンス・オフィサー杉原千畝の新たな戦いが始まる。

独ソ開戦情報を入手

杉原が総領事代理として赴任したケーニヒスベルクは、東プロイセンの中心的な都市であり、歴史上二度も「飛び地」になるという不思議な運命をたどった街である。一度目は、第一次世界大戦後、ポーランド回廊およびダンチッヒ自由市を挟み、ドイツ本国から切り離された結果である。第二次世界大戦後はソ連領に組み込まれ、カリーニングラードと名前を変えられたのだが、一九九一年のバルト三国の再独立とソ連の崩壊により、今度はロシア本国との間に再独立したリトアニアなどを挟んで「飛び地」となってしまった。現在でもカリーニングラードは、ロシアとリトアニア間の紛争の種である。

ケーニヒスベルクと言えば、大哲学者カントがその生涯の大部分を過ごし、骨を埋《う》めた地としても有名である。幸子夫人も「ドイツ人ばかりが住む小さな街でしたが、哲学者のカントの学んだ学校もある静かな所」と記している。

ペシュことダシュケヴィチ中尉がケーニヒスベルクまで杉原に同行し、協力を続けたことは先述のとおりだが、『日本・ポーランド関係史』で紹介されたダシュケヴィチ中尉の回想記は、いかに彼らが危険を冒して情報収集していたかを生々しく伝える。

一九四一年五月中旬、杉原、総領事館の佐藤秘書官、ダシュケヴィチ中尉の三人は、自動車でクライペダに赴き、ドイツ軍の状況を調査した。この調査旅行は、たびたびドイツ人が運転する自動車に尾行される危険な旅であった。彼らは、国境地帯を走り回り、森の中にガソリン貯蔵庫や戦車が隠してあること、随所に軍の歩哨所《ほしようしよ》があることと、アスファルトで舗装された道路にもかかわらず、森への立ち入りを禁じる標識が道路のそこかしこに立っていることなどを確認した。

その夜、杉原と佐藤は翌朝送る電報の暗号化を急いでいたとダシュケヴィチは記しているが、その時発せられた電報と思われるのが、現在残っている五月九日発電報第八号である。

　同電報には、実に驚くべき情報が盛り込まれている。連日およそ一〇輛《りょう》前後の軍用列車がベルリンからケーニヒスベルク方面へ向かっていること。ケーニヒスベルク周辺に陣取るドイツ軍人の間では、同地には既に旧ポーランド領ドイツ地区に劣らぬ大軍が集結しているので、「六月にはドイツ・ソ連関係は何らかの決着をみるであろう」との風聞が流れていること。ドイツ軍将校たちは、地図が読める程度のロシア語を学ぶことを命ぜられ、バルト地域在住のドイツ人や白系露人たちがロシア語教師として引っ張りだこであること。ピラウ港に三万トン級の大型汽船一隻《せき》など十数隻の汽船が一カ月以上にわたって待機中であること。さらには、ドイツ軍戦車が数日前からリトアニア方面へ向かう各街道に出動することになり、これに対してソ連戦車部隊も同様に出動し、両軍は国境を挟んで対峙《たいじ》していること等々。

　開戦前の緊迫した状況を詳細に報告し、最重要な開戦時期についても「六月には」

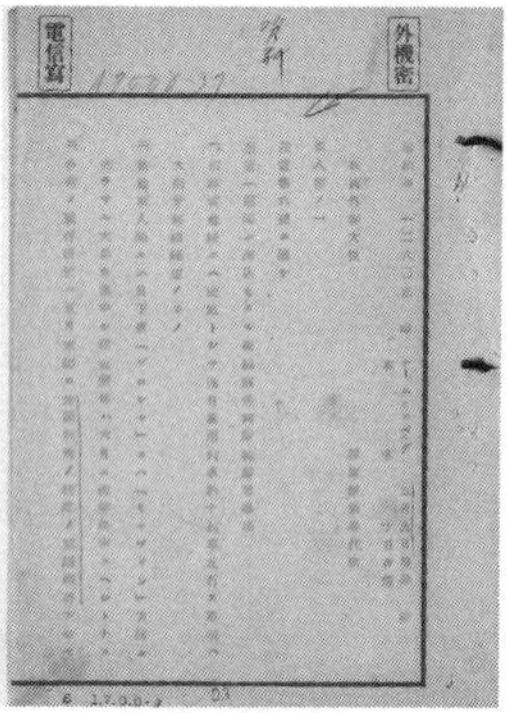
電信寫
外機密

ドイツのソ連侵攻準備状況を伝えた電報第八号
（外交史料館所蔵）

云々《うんぬん》との正確な予測さえ伝えているのだ。

対して、こうした状況把握に重大な責任が課せられていた在ドイツおよび在ソ連日本大使館は、どのように把握していたのであろうか。残念ながらこの五月段階の両大使館からの関連電報は、それぞれ一本ずつしか見当たらない。しかし、いずれもこの重大時期における状況の把握ぶりをよく伝える電報であるので、杉原電報と比較してみると興味深い。

在ドイツ大使館からの電報は、五月一七日の電報第五五六号で、当時の駐ドイツ大使は来栖の後任であり、陸軍出身の親ドイツ派大島浩《ひろし》だった。大島電報は、情報通の某国公使館員より加瀬俊一《しゅんいち》参事官（戦後、初代国連大使を務めた加瀬俊一《としかず》とは別人）が聞き込んだ情報に基づいたということなので、現地調査の結果である杉原電報と比べて情報源が甚だ心許《こころもと》ない。

内容は、スターリンがドイツ向け物資の供給量を三割増加することを条件に、国境方面からのドイツ軍の撤退をヒトラーに求めた。しかし、ドイツ側はその程度の条件では満足せず、鉱山資源や食料などの提供も要求した。仮に両国の間に戦争が生じた場合、ドイツ軍は既に準備万全であるのでソ連の不利は明白であり、スターリンは戦争回避のためにも最大限の譲歩をするように国内を説得中であるというものであった。

ドイツがソ連に物資を求めるのは、あくまで対イギリス戦継続のためであり、物資援助を拒絶された場合に限り戦争に訴える可能性がある。主要目的はイギリスを屈服させることであり、それに協力しない場合にのみ対ソ開戦に踏み出すこともあり得る、というわけだ。

在ソ連大使館からの電報は、五月一六日の電報第五九六号で、当時の駐ソ連大使はやはり陸軍出身の建川美次《たてかわよしつぐ》であった。彼は、ドイツが近くソ連を攻撃するという噂《うわさ》がまことしやかに流れているので、確認のためモロトフと会見し、その会見を踏まえた所見を報告した。

現段階でドイツとソ連が衝突した場合にはソ連に勝ち目はなく、ドイツとの争いだけは避けたい意向らしい。ドイツも、バルカン半島方面を攻略した後、資源確保のために中近東方面へも進出する必要があり、そのさいソ連に妨害されることは絶対避けたいところであるはずだ。そのような観測から建川大使は独ソ開戦などあり得ないという結論に至り、電報にその旨《むね》を記したというわけだ。

なぜ杉原だけに可能だったか

「歴史の後知恵」で三電報のうち杉原電報が一番正鵠《せいこく》を射ていたというのは簡単だ。しかし問題は、駐ドイツ大使、駐ソ連大使といった要職にある者が欺《あざむ》かれていたにもかかわらず、なぜ杉原だけが正確な情報をつかめたかというところにある。

大島の場合には、ドイツ側が「バルバロッサ作戦」のことを日本側に悟らせないよう徹底的な箝口令《かんこうれい》を敷いていたことが大きい。それに加え、自他ともに認める親ドイツ派であった大島には、自分に対してはドイツも嘘《うそ》をつかないという過信があったかと思われる。大島情報の問題については後ほどさらに検証したい。

建川の場合は、モロトフというソ連の外交責任者と直接会見して、その内容を余計な思い込みを交えず報告している。スターリンがこの時期に独ソ開戦はあり得ないと頑《かたく》なに信じていたことは今日明らかになっている。

独ソ開戦に至るまでの一年間、スターリンには九〇回以上もドイツ軍の侵攻に関する警告が送られたという。にもかかわらず、スターリンが一顧だにしなかったのは、対イギリス戦が終わらないうちにソ連に攻め込むという「二正面作戦」の愚を、ヒトラーともあろう指導者が犯すはずがないという判断があったのだろう。

さらには、ミュンヘン会談にソ連が招かれず、四カ国により勝手にズデーテン地方の割譲が決められたことが、スターリンに大きなトラウマを残したという見方もある。

イギリスやフランスが、肝心な時には、ためらいなくドイツと妥協し、ソ連は孤立させられるという恐怖であった。

このように、外交官としては遥かに上の立場にある大島や建川が入手出来なかった重要情報を、杉原は危険地域を駆け回って集めた。そして、独ソの開戦時期についてまで正確な情報を報告していた。インテリジェンス・オフィサー杉原の上げた大戦果であった。

ところが、「インテリジェンス情報」は、いかに正確であっても、活用されなければ意義を失ってしまう。この杉原情報は本省サイドでどの程度重視されたのだろうか。松岡外務大臣は、五月二八日に大島大使に電報を送りドイツとソ連が戦争することを日本は望まない旨をドイツ当局に申し入れることを命じているので、多少は危惧を抱いたようだ。

結局のところ、六月三日から四日にかけて、ヒトラーはとくに大島を自分の山荘に招いて重大な情報を耳打ちすることになる。リッベントロップ外務大臣も同席した場で、ドイツとソ連の関係はますます悪化しているので、武力衝突は避けられないであろうと、ようやく明らかにしたのであった。ただし、開戦の時期までは明らかにしなかった。大島は、その情報を六月五日、本省に電報で送った。

杉原が、五月九日には、六月中に開戦という正確な情報を送っていたにもかかわらず、それに基づいた対策が立てられた形跡は見当たらない。

その証拠に、運命の六月二二日、独ソ開戦の報が届いた時、松岡は当時来日中であった南京国民政府（蔣介石らの国民党政府に対抗して作られた日本の傀儡《かいらい》政権）の汪兆銘《おうちょうめい》主席を招いて歌舞伎《かぶき》見物をしていた。

ドイツの圧力に屈して

独ソ開戦の報が伝わると、松岡はすぐさま歌舞伎を中座し、着替えをした上で急ぎ参内した。そして、即刻対ソ開戦すべき旨を天皇に直訴し、天皇を非常に驚かせたという。同年四月一三日に日ソ中立条約が結ばれたばかりであり、同条約にサインした本人である松岡が条約を無視して対ソ開戦を訴えたのだから、天皇の驚きはいかほどであったろうか。

天皇は、近衛《このえ》文麿《ふみまろ》総理大臣も同意の上かと尋ねると、総理にはまだ相談していないというので、相談してから出直すように命じたという。

恐らく、松岡は大島からの六月五日の電報によってようやくドイツの対ソ連侵攻が近いと認識し、彼なりに対応策を考えていたのであろう。ただし、その時期はまだ先のことだと思っていたため、この段階では根回しをする余裕もなく、天皇への直訴という非常手段に訴えたのだろう。

天皇の松岡に対する評価はかなり低く、訪欧から帰国した後の報告を聞いたさいに「松岡はヒトラーに買収されたのか」と側近にもらしたほどであった。また、近年発見された元宮内庁長官《くないちょうちょう》富田朝彦《ともひこ》のいわゆる「富田メモ」の中には、昭和天皇の一九八八年四月二八日の発言が記されている。戦後の東京裁判でA級戦犯として裁かれた者たちが靖国《やすくに》神社に合祀《ごうし》されたこと（一九七八年）、わけても松岡や白鳥敏夫が加えられたことに強い不快感を示されたというのだ。

結局松岡の対ソ開戦論には同調者は少なく、日本は対ソ開戦こそ踏みとどまったものの、独ソ開戦から約一週間後の七月二日、御前会議で「情勢の推移に伴う帝国国策要綱」が策定され、ヨーロッパ諸国がドイツに降伏した状態で「空き家」同然となっている南方植民地を手に入れることを企図した。具体的には、フランス領インドシナと呼ばれた現在のベトナム・ラオス・カンボジアのうち、北部には既に進駐していたので、この機に南部にも進駐することが決定された。

南部フランス領インドシナ進駐は、アメリカの影響下にあったフィリピンを脅《おびや》かすとの理由でアメリカの強い反発を受け、在米日本資産の凍結、さらには日本に対する石油の全面禁輸という強硬措置を招くこととなった。

この時期、杉原はどうしていたのだろうか。恐らくドイツ軍の快進撃のニュースに接しつつも、ドイツの戦争継続能力がどこまで持つか疑問をもっていただろう。広大なソ連領に踏み込み、いずれ冬の到来とともにドイツの勢いが衰えることを彼は見抜いていたのではないだろうか。また、独ソ開戦により、それまで独ソ国境付近であったケーニヒスベルクを遥かに越えたところで戦争が続くので、インテリジェンス・オフィサーとしての活躍の場を失い無聊《ぶりょう》をかこっていたのではなかろうか。

一九四一年九月一六日、杉原は欧州在勤が四年に及ぶので帰国したいという願いを出した。理由として子供の教育および健康問題を上げ、具体的には日本郵船の浅間丸のヨーロッパ回航の機会に帰国したいと訴えた。確かに、当時長男弘樹が学齢に達しようとしていた時期ではあり、外交官とはいえ交戦国に妻子をともなって滞在し続けることに危険を感じていたかも知れない。

だが、それ以上に、もはやインテリジェンス・オフィサーとしての活動が難しくなったことが大きかったのではないか。この時期になるとさすがにドイツも杉原を「ポーランドに同情を寄せる好ましからざる人物」と見なしていた。自分の身に危険が迫っていることをつかんだ彼が、急いで帰国願いを出したというのが事実に近いだろう。外務省がこの願いをどのように受け止めたかについては、今日残っている史料からはさだかではないが、一一月二七日に公使館一等通訳官としてルーマニアに赴任することを命ぜられた。

ブカレストに着任したのは一二月一〇日、日本軍による真珠湾攻撃の二日後であった。開戦の報に接した時の杉原の心中はどうだったであろうか。

杉原情報を生かせぬ国

今日明らかになっている事実から杉原の立ち位置を推測することも不可能ではない。同年八月にドイツの国家保安部が作成した資料の中には、杉原とペシュことダシュケヴィチ中尉の協力関係が鮮明に記されていて、「杉原が引き続きケーニヒスベルクで職務を続けることは日独関係を危険に陥《おとしい》れる」とまで書かれている。同盟国ドイツが杉原の才智《さいち》を怖《おそ》れ、これを排除したいとの意向を持っていたことはある意味で当然だったかも知れない。

このような情況に呼応するように、日本側は杉原を遠くルーマニアに異動させた。

これだけの逸材をなぜあっさりとインテリジェンス・オフィサーとしての活躍が期待出来ないような地に送ってしまったのであろうか。ドイツの目の届かぬ地で、日本の国益にかなう赴任先を与えるという選択を、どうして出来なかったのか。

後述するように、かつてラトヴィア公使館付武官であった小野寺信《まこと》大佐が、当時在スウェーデン公使館付武官としてストックホルムに在勤し、ポーランド諜報機関と協力して活躍中であった。せめて、杉原を中立国スウェーデンに送っていれば、活躍の場を見出《みいだ》せたのではないか。

スウェーデン行きが実現しなかった理由は、推論の範囲だが次のように考えられる。対米開戦という無謀な方向に舵《かじ》をきった日本にとって、ドイツとは絶対に協調していく必要があった。日本が戦争に勝利するためには、ドイツがイギリスやソ連を屈服させ、アメリカにおいて厭戦《えんせん》ムードが高まり、日本が有利な形での講和に応じるという何とも他力本願なシナリオのみが想定されていたのだ。この「綱渡り」に等しいあやふやなシナリオが首尾良く実現するためには、ドイツに少しでも不利益となる人事は考えられなかったのだろう。

それと同時に、駐ドイツ大使大島浩のパーソナリティーも大きく関係していたと思えてならない。大島が陸軍きっての親ドイツ派であったことは先にも記した。彼は在ドイツ大使館付武官時代に日独防共協定の締結にも関与し、その功もあって一九三八年一〇月に駐ドイツ大使に任ぜられた。その後、日独伊防共協定を軍事同盟に発展させようと、駐イタリア大使の白鳥敏夫とともに猛烈に運動していた。

杉原が駐カウナス領事代理に任ぜられた時は、大島が駐ドイツ大使であり、杉原は自分の任務が大島大使にソ連関係の情報を送ることだと認識していた。しかし、独ソ不可侵条約により対ドイツ関係が一変すると、大島は解任され、後任には来栖が据えられた。

三国同盟の締結は、一九四〇年一二月、再び大島を駐ドイツ大使の地位に戻すこととなった。ケーニヒスベルク総領事代理就任の挨拶《あいさつ》に訪れた杉原に、大島は、杉原のロシア語に期待していると言い、ときどき一緒に飲もうとまで言って好意的な態度を示した。もちろんここでいう「飲もう」はただ単に酒を飲むことではなく、入手した情報の報告を意味するわけだが、この段階で大島が杉原に個人的な悪感情を持っていた可能性は少ない。

だが、大島のパーソナリティーは来栖と大いに違っていて、杉原の能力が充分活《い》かせる環境を作ろうとはしなかった。大島は、緻密《ちみつ》に情報を収集し、インテリジェンス活動に励むことより、謀略的な活動、例えば「アフガニスタン政府の転覆活動」あるいは「スターリンの暗殺計画」といった冒険小説まがいの企《たくら》みを好んだ。

それに加えて根っからのドイツびいきで、戦時中もドイツに有利な報告ばかりしたため、大島からの情報はあてにならないということが政府はもちろん軍部においてもなかば常識化していた。一九四三年、戦争中の危険な状況にもかかわらず、日本から岡本清福《きよとみ》将軍を団長とする遣独伊使節団が派遣された。同使節団派遣の背景には、大島情報があまりにも信用できないので、実際にヨーロッパの戦況を調査する必要があったともいわれている。

そのようなパーソナリティーの大島にとっては、ドイツの意向こそ最優先にすべきであり、杉原の有能さは認めていたが、ドイツから忌避される以上は、積極的に庇《かば》うことはしなかっただろう。

杉原が晩年にまとめた手記「決断　外交官の回想」の中で「浅慮、無責任、がむしゃらの職業軍人集団の、対ナチ協調」を批判しているが、その職業軍人集団の代表例が大島浩その人であり、そのような人物が杉原の運命に関与する駐ドイツ大使の地位にいたことは、杉原にとって大きな悲劇であったと言えよう。

杉原チルドレンの活躍

杉原千畝がルーマニア公使館に異動になると、ペシュことダシュケヴィチ中尉も杉原の元を離れていった。しかし、ポーランド諜報組織と日本とのつながりはその後も続いた。

既に、ポーランド諜報組織の大物、ペーター・イワノフことリビコフスキ少佐が、杉原と小野打在ラトヴィア公使館付武官の庇護《ひご》によりスウェーデンに脱出したことは第五章で書いた。小野打が在フィンランド公使館付武官に異動したのと同じ頃、一九四一年一月よりスウェーデン公使館付武官として着任したのが小野寺信大佐、かつてラトヴィア公使館でエストニア・リトアニア兼轄《けんかつ》問題に活躍したあの小野寺であった。

ポーランド諜報組織を介して杉原と小野寺の間にも連絡があった。杉原がケーニヒスベルク総領事館在勤時に、ダシュケヴィチ中尉の協力でドイツ軍の動きを摑《つか》むことに成功したさい、ダシュケヴィチ中尉は、その報告電がストックホルムにも送られ、リビコフスキの手元に届くことを希望した。それに対して杉原は、在スウェーデン公使館付武官、小野寺とダシュケヴィチ中尉の上司、リビコフスキとの関係は非常に友好的だと聞いていると言って、情報が間違いなく伝えられることを保証した。

　幸子夫人の『六千人の命のビザ』には、小野寺もユダヤ人を助けたことがあり、二人は意気投合するところがあったようで、戦後も手紙のやりとりをしていたと記されている。しかし、この記述にはいささか疑問を感じざるを得ない。小野寺が駐在したスウェーデンは第二次世界大戦の期間中立を守ったので、小野寺とユダヤ人問題はつながらない。ポーランドの諜報組織を通じて協力関係にあったというのが正しいところであろう。一流のインテリジェンス・オフィサーの常として、杉原はポーランドの諜報機関との結びつきまでは幸子夫人に話していなかったので、二人のつながりをユダヤ人救済問題と勘違いしたのではないかと思われる。

　当時在ドイツ満洲国公使館員であった笠井唯計《かさいただかず》は、杉原と同じ岐阜県出身、ハルビン学院で学んだ経歴を持つため、杉原と大変親しくした人物だ。小野寺と杉原の関係について「小野寺さんは軍人らしからぬ、頭の柔軟な人で、それで杉原さんと気が合った」と回想している。一流のインテリジェンス・オフィサー同士、相通ずるものが両者の間には存在したようだ。「日本は英米と戦ったら負ける」という認識でも両者は一致していたという。

　その杉原がルーマニアに追いやられた後も、小野寺とリビコフスキを接点とし、日本とポーランドの諜報面での接触は続いた。それは、日本軍の真珠湾奇襲によって太平洋戦争が始まり、日本がポーランドの敵であるドイツと同じ側に立ってからも変わらなかった。

だが、「目の上のこぶ」であったリビコフスキを追い出すようにと、ドイツ側はスウェーデン政府への圧力を日に日に強め、一九四四年一月、ついにスウェーデン政府は彼の国外退去を求めた。小野寺としても庇いきれず、ロンドンへ送り出すことが精一杯であったが、リビコフスキは小野寺の好意を多として、ロンドン到着後も引き続き情報を送ることを約束した。

ヤルタの情報は届いたか

ロンドン到着後、リビコフスキは諜報活動から離れ、通常の軍務に復し、戦場に赴いたが、彼の部下たちはリビコフスキの命令を守り、危険を冒してスウェーデンの小野寺に情報を送り続けた。小野寺情報は、大戦末期、情報不足に陥りがちな日本側の重要なニュースソースとなった。

小野寺は武官であったので、彼の電報は陸軍参謀本部に送られた。小野寺と行動を共にした百合子夫人によると、終戦後小野寺は、入手した情報のファイルを全て焼却してしまったという。東京でも、軍関係の電報や資料は徹底的に焼却されたため、現在小野寺からの電報は日本側の記録として一通も確認されていない。

皮肉なことに、小野寺からの電報の一部はアメリカ側により傍受・解読され、その記録が現在ワシントンＤＣのアメリカ国立公文書館に残っている。

ポーランド側が提供してくれた情報のうち最重要と目されるのは、一九四五年二月のヤルタ会議に関する情報である。アメリカのローズヴェルト大統領、イギリスのチャーチル首相、そしてソ連のスターリン書記長によるヤルタ会議では、戦争終結に向けての方策、さらには戦後の世界体制についても議論が及んだ。ソ連の強硬な主張により、ポーランドは国全体が戦前の位置から大幅に西の方角に移動させられるなど、大国のエゴがむき出しになった会議であった。

日本に関しては、対日戦の長期化を恐れたローズヴェルトがスターリンに参戦を強く要請し、ドイツ降伏の二〜三カ月後の参戦が約束された。日本にとって最悪のシナリオであった。

この情報をポーランド側から入手し、重要性を認めた小野寺は、最も複雑な暗号を用いた電報にして送ったと戦後に回想している。その複雑な暗号が功を奏したのか、アメリカ側の傍受・解読記録にもこの最重要な情報を伝える電報は見当たらない。小野寺は、スウェーデンを通じての和平工作を画策するなど戦争の早期終了を願っていたので、この情報をまさに「祈るような思い」で本国に伝えたと百合子夫人は回想録『バルト海のほとりにて』に記している。

残念なことに、この重要情報が当時の参謀本部で討議された痕跡《こんせき》は全く見当たらない。この情報をしっかり受け止めていれば、ソ連を仲介とした和平工作という実現不可能な交渉に労力を費やすこともなかったであろう。そして、八月六日の広島への原爆投下、同八日のソ連による対日宣戦布告、九日の長崎への原爆投下が回避できた可能性もあるだけに惜しまれてならない。

エピローグ　インテリジェンス・オフィサーの無念

二五年以上にわたって杉原千畝を研究しているが、一つどうしても不思議でならないことがある。

杉原が駐カウナス領事代理を務めていた頃、在ラトヴィア公使館で書記生をし、戦後駐リベリア大使になった片山醇之助《じゅんのすけ》が所用でカウナスを訪ねたことがあったそうだ。「ロシア語が抜群にできる男」と噂《うわさ》の人物は、決して先輩ぶらない好人物であった。ところが、その夜、領事館に泊った片山の前で、杉原は何杯も酒を傾けながら「だれもしなかったことをしたのに……こんなに働いているのに」と何度もつぶやいたというのだ。酒を飲みながら愚痴を繰り返すイメージが、長年研究してきた杉原像とどうしても重ならなかったのだ。

もし、「人道主義者」としての面だけに注目していたのであれば、この愚痴の意味は一生理解できなかったのではないかと思われる。いや、これから筆者が語ろうとしているのも一つの仮説に過ぎない。本当のところは杉原本人にしかわからない。しかし、インテリジェンス・オフィサーとしての杉原千畝、という違った角度から彼の半生を見直してみて、この時杉原の胸をよぎった虚《むな》しさについて、「あるいは」と思える考えが浮かんできたのだ。

このたぐいの愚痴は、多くの場合、「仕事に見合う報酬を得ていない」とか、「出世が遅い」といったことに起因するだろう。筆者は決して杉原を聖人君子と見なすつもりはないので、彼がそのような、サラリーマンにつきものの不満を感じたとしても、あり得ないことではないと思う。しかし、「だれもしなかったことをした」という一言が気になるのだ。彼は、自分がした何について、そこまで誇りに思っていたのであろうか。

この片山の訪問は、一九四〇年の三月頃であり、まだバルト三国併合も領事館を囲むユダヤ避難民へのヴィザ発給も先の話だ。その頃の杉原が何をしていたか。それは本書で明らかにしてきたように、彼は対ソ情報収集の精鋭部隊に選ばれ、短期間でポーランドの諜報《ちょうほう》組織と協力関係を築き、重要情報を送り続けていたのだった。だからこそ、来栖《くるす》大使や大鷹公使が領事館閉鎖後の彼のポストについて心配したのだ。これすなわち彼のインテリジェンス活動に対する評価を指すと考えれば、先の愚痴は単なる収入や出世に関するものとは違う次元の悩みに起因すると思えてくる。

インテリジェンス・オフィサーとしての生きがいとは何か。それは、重要情報を入手し、それが正しく理解され、活用されることにあると言って過言ではあるまい。「だれもしなかったことをしたのに……こんなに働いているのに」の後に続く言葉は、「なぜ私が危険を冒して入手した情報が的確に活用されていないのか」という嘆きではなかったのか、そう思えてならない。

そこまで考えた瞬間、ある人物の無念極まりない表情が脳裏をよぎった。言葉に言い尽くせない悔しさ、悲しさに満ちた表情だ。NHKの制作により一九八五年一二月に放映された「日米開戦不可ナリ」というドキュメンタリーがあり、当時まだ存命だった小野寺信にインタビューした貴重な映像が残っている。その中で、ヤルタの情報に関する電報が活用されなかったことに話が及んだ時に彼が見せた表情は忘れがたい。こんなにも悔しげな顔を筆者はこれまで見たことがない。

その小野寺の表情と先の杉原の愚痴がぴったり重なるのだ。日本が生んだ二人のインテリジェンス・オフィサーは、インテリジェンスの世界の厳しさを示すとともに、情報が氾濫《はんらん》する現代社会を生きる我々に多くの指針を示してくれている。

インテリジェンスは、公開・非公開を問わず、収集した情報から未来を切り開く英知を学ぶ世界である。本書が読者のインテリジェンスに対する関心を高めることに少しでも役に立てば、筆者にとって幸甚《こうじん》の至りである。

おわりに

インテリジェンス・オフィサーとしての道を志半ばに諦《あきら》め、外務省を退職した後、杉原はどのような人生を歩んだのであろうか。

　公職を退いた以上、インテリジェンス活動からも離れたとも考えられる。しかし、近年明らかになったエピソードによると、その後の人生においても、卓越した語学力やインテリジェンス・オフィサーとして培《つちか》った能力を発揮し続けたようだ。

　杉原千畝は、一九四七年に外務省を退職し、その後いくつもの職場を経験した。日ソ国交回復（一九五六年）から数年後の一九六〇年、還暦を迎えた彼は、川上貿易のモスクワ所長として、単身赴任し、さらに何回か転職したが、モスクワで七五歳まで働き続けた。

　かつて、彼の入国を拒んだ国。なぜ杉原はそのような国で一五年も働き続けたのであろうか。もちろん、ロシア語が堪能《たんのう》だったことは事実だ。しかし、杉原は本書で明らかにしたように、ロシア語以外にも多数の言語に精通した語学の達人であった。いろいろと悶着《もんちゃく》のあった国にわざわざ赴任しなくてもよいのでは、と思うのは私一人ではなかろう。

川上貿易モスクワ支社において、杉原の下で働いた神馬喜久弥、川村透、田村俊介の三氏による鼎談《ていだん》が興味深い（渡辺勝正『杉原千畝の悲劇』所収）。ちなみに、川村氏は、二〇〇九年に三八歳の若さで「天国にお引っ越し」（女優・歌手として大好きな戸田恵子さんがライブ中に使った表現を流用させていただいた）してしまった歌手、川村カオリさんの御尊父でもある。川村夫妻の仲人《なこうど》を杉原が務めたことは、カオリさんの著書『Helter Skelter』にも書かれている。

三氏によると、杉原は古武士のように寡黙《かもく》で、余計なことは口にしないタイプであり、ヴィザ発給のことや、イスラエルでの顕彰については、一切語ろうとしなかったという。しかし、ユーモアたっぷりの優しい一面もあり、部下から信頼され慕われていたそうだ。

得意のロシア語も、ロシア人秘書が下書きした手紙を手直しするほどで、全く衰えていなかったようだ。

川上貿易時代の有名なエピソードとして、ソ連からの発注によりタンカーを建造したさいに、進水式にあたり「祝詞《のりと》」をロシア語に翻訳した話が残っている。

日本の造船所で造られたタンカーの進水式は、神式で執り行われ、祝詞があげられた。しかし、日本人でも理解し難い祝詞であるので、駐日ソ連大使をはじめソ連側出席者たちにとっては退屈なセレモニーであった。

ところが、たまたま帰国中の杉原が出席した時の進水式は全く異なっていた。その場で祝詞を見事にロシア語訳したので、その意図するところがソ連側出席者にも伝わり、一同大変感激したそうだ。

ロシア人の気質をよく理解し、相手の心をつかむことに長《た》けていたと三氏が絶賛しているように、インテリジェンス・オフィサーとして培った能力を、平和な時代における日ソ親善に役立てようとしたのであろう。彼は晩年までチャレンジャーであり続けたのだ。「プロローグ」で本書を若い世代に読んで欲しいと書いたが、中年、熟年の読者へのエールにもなれば二重の喜びである。

一人芝居で杉原を演じ続けている俳優の水澤心吾《みさわしんご》さんとお話しした際に「杉原さんが亡《な》くなった八六歳まで舞台で演じ続けたい」と語ってくれた言葉が心をよぎる。私は五〇代、人生まだまだだ。

それにしても、インテリジェンス・オフィサーとしての杉原像をまとめることは、私にとっては大きなチャレンジであった。

「インテリジェンス・オフィサーとしての杉原千畝を描いてみませんか」

この提案を頂戴《ちょうだい》した時の私の表情は、チャップリンの名作「独裁者」のラスト近くの床屋のチャーリーのように驚きと戸惑いに覆《おお》われていたかと思われる。ヒトラーをモデルにした独裁者ヒンケル（チャップリンの一人二役）に間違われ、多数の聴衆の前でスピーチすることを余儀なくされたあの名シーンだ。

ヒューマニストの杉原に注目して研究してきた私には、かなり荷が重いと思われ、チャーリー同様「申し訳ないけれど、それは私の仕事ではない（I'm sorry.（中略）That's not my business.）」と、口が勝手に動き出しそうになった。

だが、「プロローグ」でも書いたように、杉原千畝については、ヒューマニストとしての研究に止《とど》まらず、さらに一歩踏み出す必要性は強く感じていた。手嶋龍一《てしまりゅういち》氏がつけてくれた先鞭《せんべん》に続く者が出なくてはいけない。誰か他の人がやってくれるのを待つのではなく、自分自身精一杯トライしてみよう。そう思い、思い切って引き受けた。結果については、読者の皆様のご批判を仰ぎたい。

思えば、本書の第一章冒頭で、杉原の人生は「運命」的な「偶然」に満ちていたと述べたが、このテーマの研究を通じて私の人生にもさまざまな運命や偶然がもたらされた。二五年以上前、発行直後の『六千人の命のビザ』と出会ったことは、人生の大転換となった。当時、満洲事変前後の日ソ関係を研究していたが、いつの間にか杉原研究こそライフワークとなった。下世話な表現を使えば、「ほんの浮気心が、いつの間にか本気になってしまった」のだ。

本書でたびたび採り上げた調書「杉原通訳官ノ対白系露人接触事情」を「発見」したことは、非常に印象深い思い出だ。若き日の杉原の足跡を明らかにするこのような重要記録が、七〇年近くも全く顧みられず、ひっそりと書庫に眠っていたのだ。ソ連による入国拒絶問題の関連史料はないか、執念深く書庫を探し回り、ようやく出会った史料なので、もはや「偶然」ではなく「運命」だったと思っている。

チャップリン扮《ふん》するチャーリーが、最初は躊躇《ちゅうちょ》しながらも、人類全《すべ》てに対する素晴らしい愛のメッセージを伝えたことには遥《はる》かに及ばないが、本書が杉原千畝、あるいはインテリジェンスの問題に関心を持つ人々へ、多少でも有意義なメッセージとなり得れば幸いである。

本書は二五年以上にわたる研究（浮気？）の成果だと書いてきたが、この二五年間、幸いなことに多くの人々に支えられ研究を続けることができた。

幸子夫人から貴重なお話を伺えたこと、外務省の生き字引であった栗原健《くりはらけん》博士から本省時代の杉原のイメージや、ヨーロッパから逃れてくる避難民の様子について、直接お聞かせいただいたことなどは大変幸運であった。

幸子夫人、栗原博士をはじめ、本書の完成を見ずに天国にお引っ越しされてしまった方も少なくない。「重要なテーマを見つけたね。しっかり研究するように」と励まして下さった指導教授藤村道生氏、「図書の完成を楽しみにしている」とおっしゃって下さった恩師廣瀬《ひろせ》靖子《しずこ》教授、まだ二〇代だった私に「誰も読んでくれないと思えても、こつこつ研究を続け、論文を発表し続けなさい。必ず誰かが評価してくれる」と励まして下さった高橋秀直《ひでなお》助教授、「杉原の映画を撮りたい」とおっしゃっていた日本映画が誇る名匠熊井《くまい》啓《けい》監督、川村カオリさん、そして母美江《よしえ》……。

だが、私が大好きな小説、松久淳《あつし》・田中渉《わたる》「天国の本屋」シリーズに描かれているように、天国にも本屋さんがあり、アロハシャツを着た不思議な店長が本書を並べてくれ、今挙げた方々が杉原千畝さんを囲んで読んで下さっていると信じたい。感想をお聞きするのは当分先のことになるだろうが、いつの日かじっくり伺いたいものだ。

さきほども名前を挙げたが、元NHKワシントン支局長、慶應義塾大学大学院教授の手嶋龍一氏には特に感謝をささげたい。ヒューマニストとしての杉原に注目しても良い時期ではないかと手嶋氏からサジェスチョンを頂戴したことが、本書執筆の大きな原動力となった。

濱口學《まなぶ》・國學院大学名誉教授には公私ともに大変お世話になり、本書の原稿にもご長男暁《あきら》氏とともに丹念にお目通し頂いた。本来日本史研究出身の私にとり、ヨーロッパ外交史を専門とされる濱口教授のご指摘の数々は非常に貴重であった。

幸子夫人をはじめご遺族と親しくさせていただき、本書執筆にあたり多くの示唆《しさ》を頂戴できたことは、得難い幸運であった。特にご長男故弘樹氏夫人美智氏、美智氏の長女で杉原さんのご令孫まどか氏には深く感謝するしだいである。今、まどか氏の長女、杉原さんの曾孫《そうそん》にあたる織葉さんが杉原研究に取り組んでおられる。本書が織葉さんに少しでもお役に立つことを願う。

学部生の頃からお世話になっている恩師、三輪《みわ》公忠《きみただ》・上智《じょうち》大学名誉教授には、同教授主催の研究会で初めて杉原テーマで報告させて頂いて以来、なるべく早く一つの形にまとめるようにと叱咤《しった》激励を頂戴した。長年お待たせしたが、ようやく書籍としてまとめられたことをご報告できるのが楽しみだ。

ポーランドのワルシャワ大学のエヴァ・パワシュ゠ルトコフスカ教授が、杉原とポーランド側の接触を明らかにして下さったことは、本書執筆に大変参考になった。ハネムーンでワルシャワを訪れたさい、同教授に市内をご案内頂いたことが懐《なつ》かしく思い出される。

石井修・一橋大学名誉教授、稲葉千晴・名城大学教授、小川津根子・元帝京大学教授、志摩園子・昭和女子大学教授、関幸彦《ゆきひこ》・日本大学教授、田嶋信雄《たじまのぶお》・成城大学教授、多仁照廣《たにてるひろ》・敦賀短期大学教授、等松春夫《とうまつはるお》・防衛大学校教授、中見立夫《たつお》・東京外国語大学教授、原彬久《よしひさ》・東京国際大学名誉教授、丸山直起・明治学院大学名誉教授、ジンベルグ・ヤコフ・国士舘《こくしかん》大学教授（五〇音順）からは多くの励ましと学恩を賜った。深甚なる謝意を表するものである。

杉原千畝研究を通じて知り合った、渡辺勝正・大正出版社長、古江孝治・人道の港敦賀《つるが》ムゼウム前館長、敦賀の歴史の生き字引である井上脩氏、岐阜県加茂郡八百津町の杉原千畝記念館の國枝大索前館長、広島県福山市のホロコースト記念館館長・大塚信《まこと》牧師、写真家として杉原ゆかりの地の写真集も出されている寿福滋《じゅふくしげる》氏、『自由への逃走』以来杉原テーマを追いかけ続けている東京新聞したまち支局長の榎本哲也《えのもとてつや》氏、杉原サバイバルの足跡を調査されている元国際観光振興機構職員の北出明氏、ホロコーストの歴史を子どもたちに伝える活動をされているホロコースト教育資料センターの石岡史子《ふみこ》代表、二〇年以上前から杉原千畝を舞台劇として演じ続けている劇団銅鑼《どら》の俳優佐藤文雄氏、前出の俳優水澤心吾氏、さらには杉原さんの母校早稲田大学の「千畝ブリッジングプロジェクト」の学生諸君、これらの人々とは、杉原テーマを研究しなければ出会うこともなかったかと思われる。きっと天国の杉原さんのお導きに違いない。

元ハンガリー大使の関榮次大使は、ＮＨＫが「その時歴史が動いた」で杉原を描いたさいにゲスト出演された、外務省における杉原研究の大先輩である。以前、『歴史街道』で杉原千畝特集が組まれた時に、同大使のご紹介で一文を書かせていただき、その後も多々ご教示を賜り感謝に堪えない。

本書執筆中に、リトアニアに出張に行く機会に恵まれ、杉原記念館開館一〇周年記念の講演会で講演させて頂いたことは身に余る光栄であった。明石美代子《あかしみよこ》・特命全権大使をはじめ、関泉・参事官、綱島晴宏《はるひろ》・書記官、小川智子《ともこ》・書記官、吉野聡美《よしのさとみ》・専門調査員の皆様にはリトアニア滞在中大変お世話になり深く感謝するしだいである。

杉原記念館のシモナス・ドヴィダビトシュウス館長、ヴィタウタス・マグヌス大学のアレクサンドラビチュス教授、リーナス・ベンツラウスカス副学長、私の講演をリトアニア語に訳して下さったオレリウス・ジーカス・アジア研究センター長、熱心に講演を聴いてくれた学生諸君に心から感謝するしだいである。本書が日本・リトアニア両国の友好増進に多少でも寄与することを祈る。

新潮社出版部の佐藤誠一郎編集委員から受けた数々のご指摘、サジェスチョンは、常に的確であり、打ち合わせのためお目にかかるたびに重要なヒントを頂戴した。本書が何とか完成したのは佐藤氏のお陰であり、この場をお借りしてお礼申し上げるとともに、是非また戦前戦中期に活躍した「耳の長いウサギ」を一緒に描かせていただきたいと思っている。

また、選書が出た二〇一一年から現在まで、さらにさらに多くの人々と杉原千畝という素晴らしいテーマを通じて、知り合うことができたことは「人生の喜び」以外の何ものでもない。ここでまたお名前を書き出すと、延々と続いてしまうので、残念ながら割愛させていただくが、今後もこのテーマを追うことによって、素敵な出会いが沢山待っていることを確信している。

最後に文庫化にあたって担当して下さった新潮文庫編集部の長谷川麻由氏には、タイトなスケジュール（責任の大部分は私にあるのだが）、しかも歴史的な猛暑が続いたにもかかわらず、本書を世に出すに向け、大変お世話になりました。心よりお礼申し上げます。

二〇一五年八月

白石仁章

杉原千畝関連年表

年号	月	日	杉原千畝関係	日本および世界の動き
1900（明治33）	1	1	杉原千畝誕生	
	6	20		中国、北京の各国公使館襲撃される＝義和団事変の激化
1901（明治34）	4	29		裕仁親王＝のちの昭和天皇誕生
1902（明治35）	1	30		ロンドンで第一回日英同盟調印
1904（明治37）	2	10		日露両国、互いに宣戦布告＝日露戦争勃発
1905（明治38）	9	5		アメリカのポーツマスで日露講和条約調印
1907（明治40）	7	30		第一回日露協約調印
1912（明治45）	4	1	愛知県立第五中学校（現、瑞陵高校）入学	
	7	30		明治天皇崩御→大正に改元
1914（大正3）	6	28		オーストリア・ハンガリー帝国皇太子暗殺事件＝サラエボ事件勃発→翌月第一次世界大戦に発展
	8	23		日本、対ドイツ宣戦布告＝第一次世界大戦参戦
1915（大正4）	1	18		日本、「対華二一カ条要求」提出

				→中国各地で排日運動活発化
1917（大正6）	3	8		ロシアで二月革命（ロシア暦）勃発→皇帝ニコライ二世退位
	3	26	愛知県立第五中学校卒業	
	6		医学専門学校を受験するも白紙答案提出→父親との対立から単身上京	
	11	7		ロシアで十月革命（ロシア暦）
1918（大正7）	1	8		アメリカのウィルソン大統領、「平和一四カ条」を発表
	4		早稲田大学高等師範部（現、教育学部）英語科入学	
	8	2		日本、シベリア出兵宣言→富山県で「米騒動」勃発
	11	11		第一次世界大戦終結
1919（大正8）	5	4		中国で五・四運動起こる
	6	28		ヴェルサイユ講和条約調印
	7	17	外務省留学生に合格	
	9	21	外務省留学生に任命される	
1920（大正9）	5	25		ソ連、ニコラエウスクでパルチザンによる邦人虐殺事件勃発
	11	16	休学→陸軍に一年間志願兵として	

			入営	
1921(大正10)	8		母、やつ死去	
1922(大正11)	3	31	満期除隊↓復学	
	6	24		日本、シベリアからの撤兵を宣言↓同年一〇月二五日完了
1923(大正12)	9	1		関東大震災
1924(大正13)	2	8	外務書記生に任命される	
	2	15	白系露人女性クラウディア・アポロノヴァとの結婚届けを外務省に提出	
	12	15	ハルビン在勤を命ぜられる↓翌年一月着任	
	12	26	結婚につき追認	
1925(大正14)	1	20		北京で日ソ基本条約調印
	4	22		治安維持法公布
	5	5		普通選挙法公布
1926(大正15)	12	25		大正天皇崩御↓昭和に改元
1927(昭和2)	11		杉原起草の「『ソヴィエト』聯邦国民経済大観」が活字印刷製本され、外務省内に配布される	
1928(昭和3)	3	15		三・一五事件
	6	4		関東軍による張作霖爆殺事件

1929(昭和4)	4	16		四・一六事件
1931(昭和6)	9	18		柳条湖事件＝満洲事変の発端
	12	11		第二次若槻礼次郎内閣、閣内不統一により総辞職→犬養毅内閣成立
1932(昭和7)	2	5		関東軍、ハルビンを占領
	3	1		満洲国、独立を宣言
	3	17	大橋忠一駐ハルビン総領事より、満洲国外交部への移籍にさいし、杉原書記生を伴いたい旨の意見書、芳沢謙吉外務大臣に提出	
	5	15		五・一五事件により犬養毅首相暗殺される
	6	11	満洲国外交部特派員公署事務官に任命される	
	10	2		国際連盟の満洲問題調査団＝リットン調査団の報告書発表
	12	13		日本、ソ連からの不可侵条約提案を謝絶
1933(昭和8)	2	24		国際連盟、リットン報告書を採択→翌月、日本は正式に連盟からの脱退を通告
	5	31		日中、塘沽停戦協定調印
	6	26	北満鉄道譲渡をめぐる満ソ間第一	

		回正式交渉開催	
	10	北満鉄道ソ連側職員逮捕問題およびソ連側による関東軍の電報暴露のため北満鉄道譲渡交渉中断	
1934（昭和9）	2 26	北満鉄道譲渡交渉再開	
	8 25	外交部理事官に任ぜられる。外交部政務司俄国（ロシア）科長兼計画課長就任	
	9 18		ソ連、国際連盟に加盟
1935（昭和10）	3 16		ドイツ、再軍備宣言
	3 23	北満鉄道譲渡に関する協定調印	
	3 28		イギリスのイーデン王璽尚書、ソ連を訪問
	7 1	満洲国外交部を依願免官→日本外務省に復職	
	9 15		ドイツでニュルンベルク法公布→ユダヤ人迫害激化
	12 30	クラウディアと協議離婚成立	
1936（昭和11）	2 26		二・二六事件→東京に戒厳令がしかれ、二九日に至り鎮圧
	4 7	菊池幸子と結婚	

	7	17		スペインで内戦勃発
	9	20	長男弘樹誕生	
	11	25		日独防共協定調印
	12	23		外務省、在ラトヴィア公使館をしてエストニア、リトアニアを兼轄させることを決定
	12	26	二等通訳官に任ぜられ、在ソ連大使館への赴任を命ぜられる	
1937(昭和12)	2	4	ソ連のカズロフスキー第二東洋局長、杉原を「ペルソナ・ノン・グラータ」と見なし、入国査証の発給拒絶を通告	
	2	23	堀内謙介外務次官、ライビット駐日ソ連臨時代理大使を呼びだし、杉原への査証発給拒絶につき善処を求める→ライビット、杉原とハルビン在住の白系露人の関係を指摘	
	2	28	重光葵駐ソ連大使、ソ連のストモニヤコフ外務人民委員代理と会見し、杉原問題につき善処を求めるがソ連側の態度は変わらず	
	3		調書「杉原通訳官ノ白系露人接触	

年	月	日	事項	世界の出来事
			事情」提出	
	7	7		盧溝橋事件→日中戦争に発展
	8	12	在フィンランド公使館へ在勤を命ぜられる→九月一五日、ヘルシンキ着	
	11	6		日独伊三国防共協定、ローマで調印
1938（昭和13）	3	4	杉村陽太郎駐フランス大使が、本省に杉原を在仏大使館に転任させて欲しい旨要請→本省は要請を断る	
	3	13		ドイツ、オーストリア併合
	9	29		チェコスロヴァキア問題をめぐってミュンヘン会談開催→ズデーテン地方のドイツへの割譲が確定
	10	29	次男千暁誕生	
	11	9		ドイツ国内で「クリスタル・ナハト事件」勃発→外国へ亡命するユダヤ人急増
1939（昭和14）	3	24		杉村陽太郎逝去
	5	11		ノモンハン事件勃発
	7	17		五相会議で板垣征四郎陸軍大臣、外交交渉によるノモンハン事件解

	7	20	副領事に任ぜられ、リトアニアのカウナスに領事館を開設し、領事代理に就任することを命ぜられる	決を要請
	8	23		独ソ不可侵条約締結
	8	28	カウナス到着	平沼騏一郎総理大臣、「欧州の情勢複雑怪奇なり」の声明を残し内閣総辞職
	9	1		ドイツ軍、ポーランドに侵攻
	9	3		イギリスとフランス、ドイツに宣戦布告＝第二次世界大戦の勃発
	9	4		日本政府、欧州の戦争に不介入を宣言
	9	17		ソ連軍、ポーランドに侵攻
	10	10		ソ連とリトアニアの間でヴィリニュス返還協定と相互援助条約結ばれる
	11	30		ソ連・フィンランド間で戦端開かれる＝「冬戦争」
	12	14		ソ連、国際連盟から除名される
1940（昭和15）	3	12		ソ連、フィンランドを屈服させる
	5	15		オランダ、ドイツに降伏
	5	28		ベルギー、ドイツに降伏

	5 29	三男晴生誕生	
	6 14		ドイツ軍、パリに入城 ソ連、リトアニアに最後通牒→翌日リトアニアは受諾、さらにその翌日ソ連軍リトアニアに進駐
	7 18	在カウナス領事館を避難民が囲み始める	
	7 21		リトアニア人民会議、ソ連編入を請願
	7 26	本格的に多数のヴィザ発給を開始	
	8 3		ソ連、リトアニアを併合
	8 29	総領事代理としてプラハ在勤を命ぜられる	
	9 5?	カウナス発→ベルリンを経て九月一二日、プラハ到着	
	9 27		日独伊三国同盟締結
1941(昭和16)	2 28	総領事代理としてケーニヒスベルク在勤を命ぜられる→三月六日ケーニヒスベルク着	
	4 13		モスクワで日ソ中立条約締結
	5 9	ドイツの対ソ連戦準備に関する報告電報を送る	
	6 22		ドイツ軍、ソ連に侵攻開始

9 16	本省宛電報により帰国を願い出る	
11 27	公使館一等通訳官に任ぜられ、ルーマニアのブカレスト在勤を命ぜられる↓一二月一〇日到着	
12 8		太平洋戦争勃発

主要参考文献一覧

●外務省記録

一．明治・大正期外務省記録

1.1.4.1－14「帝国諸外国外交関係雑纂　日波蘭間」
1.4.3.4「各国分離合併関係雑件」（第四巻）
6.1.7.6－3－1「外務省留学生関係雑件　亜細亜各地　成績報告書」（第一巻）

二．昭和戦前期外務省記録

A.1.3.0.13「日本、波蘭関係雑纂」
A.1.3.4.1「日英外交関係雑纂（松本記録）」
A.2.0.0.X10「欧米政情一般報告関係雑纂」（全六巻）
A.2.2.0.B／R1「英国、蘇連邦外交関係雑纂」
A.2.2.0.G／PO1「独乙、波蘭間外交関係雑纂（『コリドール』問題ヲ含ム）」
A.2.2.0.G／R1「独乙、蘇連邦外交関係雑纂」
A.2.2.0.PO／R1「波蘭、蘇連邦外交関係雑纂」
A.4.6.1.LI／PO1「波蘭、『リスアニア』間国境紛争問題一件」
A.6.5.0.1－2「蘇連邦内政関係雑纂　白系露国人ノ政治運動」（第三、四巻）
A.7.0.0.8「第二次欧州大戦関係一件」

Ａ．７．０．０．８－１「同　独波戦争並蘇連軍ノ波蘭進駐関係」
Ａ．７．０．０．９－63「大東亜戦争関係一件　館長符号扱来電綴」（第一〜三巻）
Ｂ．１．０．０．Ｊ／Ｒ１「日、蘇中立条約関係一件（満州国、外蒙ノ領土保全並不可侵声明ヲ含ム）」（第一、四巻）
Ｂ．１．０．０．Ｊ／Ｘ２「日独伊防共協定関係一件」
Ｂ．１．０．０．Ｊ／Ｘ２－６「同　防共協定ヲ中心トシタ日独関係座談会記録」
Ｂ．１．０．０．Ｇ／Ｒ２「独乙、蘇連邦間不侵略協定関係一件」
Ｂ．１．０．０．Ｘ８「欧州ニ於ケル国際協力（不侵略）協定関係雑件」（全四巻）
Ｂ．１．０．０．Ｘ10「東北欧相互援助協約締結交渉一件（一九三四年）」
Ｂ．９．１．０．９－１「国際連盟加入脱退及除名関係雑纂　蘇連邦ノ部」
Ｉ．４．６．０．１－２「民族問題関係雑件　猶太人問題」（全十三巻）
Ｊ．２．１．０．Ｘ１－Ｒ１－１「外国ニ於ケル旅券及査証法規関係雑件　蘇連邦ノ部　本省員関係」
Ｊ．２．３．０．Ｊ／Ｘ２－６「外国人ニ対スル在外公館発給旅券査証報告一件　欧州ノ部」（第二巻）
Ｍ．２．１．０．60「蘇連邦ノ『バルト』三国併合ニ伴フ帝国代表引揚問題一件（在『バルト』三国代表引揚関係、在満支『バルト』三国公館関係ヲ含ム）」
Ｎ．１．５．０．１－１－９「本省電信事務関係雑件　暗号関係　暗号ニ関スル事故関係」

三．調書

欧米局作成調書55「『ソヴィエト』聯邦国民経済大観」
調査部作成調書192「バルト三国の外交」
調査部第一課作成調書6「蘇聯の『バルト』三国併合事情」

四．歴史資料としての価値が認められる開示文書

03-119「日本外交の過誤」

（※外務省記録のタイトルに用いられている宛字のうち、波蘭＝ポーランド、独乙＝ドイツ、蘇聯ないしは蘇連＝ソ連）

●史料集

外務省編『日本外交文書　昭和期Ⅱ第二部』（第一～五巻、一九九六～二〇〇七年）
同『日本外交文書　日独伊三国同盟関係調書集』（二〇〇四年）
角田順編『現代史資料10日中戦争3』（みすず書房、一九六四年）

●回想録など

杉原幸子『新版　六千人の命のビザ』（大正出版、一九九三年）
小野寺百合子『バルト海のほとりにて――武官の妻の大東亜戦争』（共同通信社、一九八五年）

原田熊雄述、近衛泰子筆記『西園寺公と政局』（全八巻別巻一、岩波書店、一九五〇～五六年）
重光葵『重光葵外交回想録』（毎日新聞社、一九七八年）
同『昭和の動乱』（上下巻、中央公論社、一九五二年）
大橋忠一『太平洋戦争由来記――松岡外交の真相』（要書房、一九五二年）
森島守人『陰謀・暗殺・軍刀――一外交官の回想』（岩波新書、一九五〇年）
西春彦『回想の日本外交』（岩波新書、一九六五年）
ジョージ・F・ケナン、清水俊雄訳『ジョージ・F・ケナン回顧録――対ソ外交に生きて（上）』（読売新聞社、一九七三年）
ユオザス・ウルブシス、村田陽一訳『リトアニア――厳しい試練の年月回想録』（新日本出版社、一九九一年）
ゾラフ・バルハフティク、滝川義人訳『日本に来たユダヤ難民――ヒトラーの魔手を逃れて　約束の地への長い旅』（原書房、一九九二年）
ソリー・ガノール、大谷堅志郎訳『日本人に救われたユダヤ人の手記』（講談社、一九九七年）
ヴァルダス・アダムクス、村田郁夫訳『リトアニア　わが運命――時代・事件・人物』（未知谷、二〇〇二年）

●研究書など

エヴァ・パワシュ＝ルトコフスカ、アンジェイ・T・ロメル、柴理子訳『日本・ポーランド関係史』（彩流社、二〇〇九年）
John G. Stoessinger, *Why Nations Go to War*, (Wadsworth Publishing Co Inc, 2010)
伊東孝之、井内敏夫、中井和夫編『新版　世界各国史20　ポーランド・ウクライナ・バルト史』（山川出版社、一九九八年）
志摩園子『物語　バルト三国の歴史』（中公新書、二〇〇四年）
鈴木徹『バルト三国史』（東海大学出版会、二〇〇〇年）
丸山直起『太平洋戦争と上海のユダヤ難民』（法政大学出版局、二〇〇五年）
三宅正樹『スターリン、ヒトラーと日ソ独伊連合構想』（朝日選書、二〇〇七年）
三輪公忠『松岡洋右――その人間と外交』（中公新書、一九七一年）
渡辺勝正編著、杉原幸子監修『決断・命のビザ』（大正出版、一九九六年）
渡辺勝正『真相・杉原ビザ』（大正出版、二〇〇〇年）
同『杉原千畝の悲劇――クレムリン文書は語る』（大正出版、二〇〇六年）
中日新聞社会部編『自由への逃走――杉原ビザとユダヤ人』（東京新聞出版局、一九九五年）
安江弘夫『大連特務機関と幻のユダヤ国家』（八幡書店、一九八九年）
田嶋信雄『ナチズム極東戦略――日独防共協定を巡る諜報戦』（講談社選書メチエ、一九

九七年）
工藤章、田嶋信雄編『日独関係史――一八九〇―一九四五』（1～3、東京大学出版会、二〇〇八年）
杉村陽一編『杉村陽太郎の追憶』（非売品、一九四〇年）

解説

手嶋龍一

インテリジェンス・オフィサーは語らず——。

情報の世界でながく語り継がれてきた箴言《しんげん》である。

機密情報に携わる者たちは沈黙を守り抜き、自らを厳しく律してきた。決して情報源を明かさない。これこそが彼らの至高の掟《おきて》なのである。どのように情報を入手したかが露《あら》わになれば、相手側に災厄が及んでしまう。時には人命まで喪《うしな》われる。それゆえ、情報を生業《なりわい》とする者は一切を墓場まで抱えていく。自らの功績を記録に残そうとせず、人生の軌跡すら消し去ろうとする。

インテリジェンスとは、膨大で雑多なインフォメーションから選り抜かれ、分析し抜かれた一滴《ひとしずく》の情報をいう。それは国家が熾烈《しれつ》な国際政局を生き抜くための業《わざ》なのである。インテリジェンス・オフィサーは、ダイヤモンドのような情報を見つけ出し、国家の舵《かじ》を取る者を誤りなき決断に導くことを使命とする。彼らは単なる諜者《スパイ》ではない。そして、杉原千畝《ちうね》こそ真にその名に値する情報士官《インテリジェンス・オフィサー》だった。それゆえに沈黙の掟を守ったまま逝《い》ったのだった。

破局に向けてひた走っていく昭和国家を引き留めるべく、杉原千畝は珠玉の情報《インテリジェンス》を本国に打電し続けた。外務本省の意向に抗《あらが》いながら日本への通過査証を発給し、六千人ともいわれるユダヤ難民の命を救っている。その果てに戦後、外務省から逐《お》われてしまう。だが杉原千畝は一切の釈明をしようとしなかった。冷戦期には小さな貿易商社のモスクワ支店に勤務したのだが、親しい同僚にも過去の事績を語らなかったという。

そんな夫に代わって幸子《ゆきこ》夫人が『六千人の命のビザ』を上梓《じょうし》した。しかし、ヒューマニストとしての横顔はスケッチされているが、「チウネ・スギハラ」という大きな存在が等身大で描かれたわけではない。杉原はバルトの小国リトアニアの領事代理でありながら、欧州全域に独自のインテリジェンス・ネットワークを築き上げ、亡命ポーランド政権のユダヤ人の情報将校から第一級の機密情報を入手していた。ユダヤ難民を救った「命のヴィザ」はその見返りでもあった。

類稀《たぐいまれ》なスギハラ情報網は、彼がリトアニアの首都カウナスからプラハに去った後、中立国スウェーデンの首都ストックホルムにいた小野寺信《まこと》・陸軍駐在武官に引き継がれた。それはヤルタ首脳会談でソ連が対日参戦を約束した「ヤルタ密約」という最高機密を入手する礎《いしずえ》となった。イギリスの秘密情報部は、欧州発の機密電を密《ひそ》かに傍受し解読していた。当時から情報関係者の間では「チウネ・スギハラ」の令名は鳴り響いていたのである。

私がスギハラ・ヴィザで生き延びた人々をテーマにした『スギハラ・ダラー』（新潮文庫版で『スギハラ・サバイバル』と改題）の筆を執った際、「インテリジェンス小説」の形を採ったのは情報源を秘匿《ひとく》するためだった。物語としたことで私の情報源は守られたが、機密指定を解かれた一連の史料に基づいて新たな「杉原千畝伝」は書かれるべきだと考えた。そして、迷うことなく外交史料館に白石仁章を訪ね、執筆を勧めたのだった。この間のいきさつは、白石氏自身が本書のなかで詳しく触れている。最良の筆者を得てインテリジェンス・オフィサー、杉原千畝はいまに蘇《よみがえ》った。

＊　＊　＊

私が特派員としてワシントンに赴任した冷戦の末期、日本では杉原千畝を知る人は少なかった。だがアメリカでは「スギハラ・サバイバル」が各界で活躍していた。シカゴのマーカンタイル取引所を率いるレオ・メラメドもそのひとりだった。

ブラック・マンデーがアメリカの証券市場を直撃し、優良株も大恐慌以来の値下がりとなった。一九八七年のことだ。イグアスの瀑布《ばくふ》を思わせる暴落——ニューヨーク株式市場はその凄《すさ》まじさに恐れをなして商いをやめてしまった。逆風が吹き荒れるなか、メラメドが取り仕切るシカゴ市場だけが敢然《かんぜん》と商いを続けていた。

マーカンタイル取引所は、ニューヨーク証券市場の五百の優良銘柄を組み込んだ金融先物商品を扱っている。その優良銘柄にさえ値がつかず、シカゴ市場には売りの圧力が津波のように押し寄せた。だがメラメドはなぜか市場を閉じようとしなかった。謎《なぞ》が解けたのは二度目のワシントン勤務の時だった。

「わたしがスギハラ・サバイバルだったからだよ」——。

メラメドはこう語った。

ポーランド系のユダヤ人だったメラメド一家は、ナチス・ドイツに追われて隣国リトアニアに辛くも逃れた。暫定《ざんてい》首都カウナスにいた領事代理、杉原千畝が発給してくれた通過査証で命を救われ、シベリア鉄道を経て、ウラジオストクから敦賀《つるが》に上陸したのだった。

ヒトラーとスターリンが君臨するふたつの全体主義体制から逃れたレオ・メラメドにとって、自由な経済システムは命にも等しく、マーケットを閉ざすなど考えられなかったという。スギハラ・サバイバルの申し子はいま、自由な市場経済に人民元を取り込み、一党独裁の中国をも変貌《へんぼう》させようとしている。

レオ・メラメドがいまも大切に持っている通過査証には、杉原千畝というインテリジェンス・オフィサーの痕跡《こんせき》がくっきりと刻印されている。本書の「メラメド・パート」で歴史探偵、白石仁章は、公電や公信を丹念に読み解き、杉原の素顔にひたひたと迫っている。

杉原が発給したヴィザを携えた夥《おびただ》しいユダヤ難民は敦賀港に次々に上陸し、日本の役人たちを慌《あわ》てさせていた。最終渡航先の上陸許可、受け入れ家族、十分な渡航費などの条件を満たした者を精査して選り抜き、厳格に通過査証を発給せよ。外務本省はこう命じる電報第二二号をカウナスに打電している。

そうした厳命を受けながら、なおヴィザの大量発給を続ければ、訓令違反の烙印《らくいん》を押されかねないと杉原は懼《おそ》れた。外交官の身分を失うかもしれないと我が身を慮《おもんぱか》ったのではない。電報第二二号を無視すれば、本国政府の命令に逆らった効力なきヴィザと宣告されてしまう――インテリジェンス・オフィサーの研ぎ澄まされた勘はそう告げていたのだろう。

訓令に反していると断じられれば、ヴィザを持ったユダヤ難民が上陸できなくなる。

本省の意向は無視していないと装《よそお》わなければ――。その果てに杉原が編み出したのが「特殊措置」なるものだった。ウラジオストク港から日本行きの船に乗るまでの間に最終渡航先の入国許可を取り付け、日本からの船便の予約を完了することを約束させたとする「特殊措置」こそ、杉原が知恵を絞り抜いた「奇跡のイリュージョン」だったと白石仁章は喝破している。

＊　　＊　　＊

杉原千畝がスターリンのソ連に呑《の》み込まれたリトアニアを去って、プラハの総領事館に着任したのは一九四〇年九月初旬だった。チェコスロバキアはすでに解体されて一年半が経ち、ナチス・ドイツの恐怖の支配が隅々にまで行《ゆ》き渡っていた。杉原の在勤期間は翌四一年二月末までわずか半年に満たなかった。杉原はここプラハでもユダヤ難民のために日本への通過査証を発給していた。だがカウナスに較《くら》べてその数は少なく、プラハでのヴィザ発給は語られることもなかった。白石は「プラハにおける杉原千畝」にも新たな光を当てている。

外務本省への杉原報告によれば、プラハに着任した一九四〇年九月から翌四一年一月までに四二人にヴィザを発給している。白石はこれを「第二のヴィザ・リスト」と名付けている。このうち三七人がユダヤ人だった。続いて外務本省へ送られた報告にも三七人の名前が載っている。このうち七人は先の「第二のヴィザ・リスト」と重複しており、残る三〇人のうち、日本に赴任する外交官を除けば、二九人がユダヤ人だ。いずれも最終渡航先は「上海」と明記されている。白石はこれを「第三のヴィザ・リスト」と呼んでいる。

第三のリストには、カウナスの第一リスト、プラハの第二リストとは異なり、詳細な「査証調書」なるものが添付されていた。この第三リストには、後にアメリカで著名な国際政治学者となるジョン・ステシンジャー博士の一家が含まれていた。博士はオーストリアのユダヤ人で、ナチス・ドイツに併合された祖国から両親に伴われ一三歳の時にプラハに逃れてきた。ここからソ連邦を通過して上海に渡航を試みたのだが、日本の通過査証がなかったため許されず、再びプラハに戻らなければならなかった。

スギハラという日本の外交官がユダヤ難民の願いを聞き入れてくれるらしい——そんな噂《うわさ》を聞きつけて杉原のもとに駆けつけた。すでにヴィザの発給を待つ長蛇の列ができていた。数日待たされた末にようやくヴィザを手にしたという。この証言には杉原がプラハで行ったヴィザ発給を解き明かす鍵《かぎ》が隠されていると白石は考えた。

一縷《いちる》の望みをスギハラ・ヴィザに託すユダヤ難民が、外務本省が求める厳格な渡航の条件など満たしているはずはない。杉原はそれを承知でヴィザの発給を続けた。発給条件を満たしたユダヤ人のリストには詳細な「査証調書」を付け、条件を満たしていないユダヤ難民は敢《あ》えてリストに載せずに密《ひそ》かにヴィザを発給していたのではないか――と白石は読んでいる。当時のプラハはナチス・ドイツの完全な支配下にあり、日本にとってナチス・ドイツは三国軍事同盟を結んでいる真正の同盟国である。それだけにカウナスの時よりさらに慎重に振舞う必要があり、瞬時の隙《すき》も見せられない状況下で作業を行った。スギハラ・ヴィザの紙背には全体主義への反感が燃えさかっていた。

杉原千畝を急きょリトアニアに赴かせたのは、一九三九年の五月に中央アジアの草原で勃発《ぼっぱつ》したノモンハン戦争だった。スターリンは猛将ジューコフに指揮をとらせ、対ソ連赤軍の精鋭は大規模な攻勢に出た。北方の脅威が頂点に達しつつあった七月、対ソ・インテリジェンスの切り札として杉原に辞令が下ったのである。

カウナスに着任するまさに五日前の八月二三日、スターリンはノモンハンで関東軍に痛打を浴びせたのを見届けて、ナチス・ドイツと独ソ不可侵条約を結んでいる。北方の主敵と欧州の友邦が突如交わした「悪魔の盟約」は、日本外交の羅針盤を粉々に打ち砕いた。日本の統帥部《とうすいぶ》はここから迷走につぐ迷走を重ね、真珠湾攻撃に突き進んでいく。南雲機動部隊がパールハーバーを奇襲したという一報に接したイギリスの宰相チャーチルは「われ勝てり」と叫んだという。

杉原千畝が「命のヴィザ」と引き換えに、全欧の情報網から摑《つか》みとった一級のインテリジェンスは本国統帥部に容《い》れられなかった。スギハラ情報網を引きついだストックホルムの駐在武官小野寺信が発した「ヤルタ密約」の緊急電も、統帥部自ら破り捨てた疑いが濃い。沈黙の外交官の無念を嚙《か》みしめつつ、白石はスギハラ・ヴィザの軌跡を丹念に辿《たど》り、杉原千畝の素顔をみごとに復刻してみせた。二一世紀の日本にも「傑出したインテリジェンス・オフィサーよ、再び」と願ってやまない。

（平成二十七年七月、作家・外交ジャーナリスト）

この作品は平成二十三年二月新潮社より刊行された『諜報の天才　杉原千畝』を改題したものである。文庫化にあたり大幅な加筆修正を行なった。

遠藤周作著
白い人・黄色い人
芥川賞受賞
ナチ拷問に焦点をあて、存在の根源に神を求める意志の必然性を探る「白い人」、神をもたない日本人の精神的悲惨を追う「黄色い人」。

遠藤周作著
海と毒薬
毎日出版文化賞・新潮社文学賞受賞
何が彼らをこのような残虐行為に駆りたてたのか？ 終戦時の大学病院の生体解剖事件を小説化し、日本人の罪悪感を追求した問題作。

遠藤周作著
女の一生
一部・キクの場合
幕末から明治の長崎を舞台に、切支丹大弾圧にも屈しない信者たちと、流刑の若者に想いを寄せるキクの短くも清らかな一生を描く。

野坂昭如著
アメリカひじき・火垂るの墓
直木賞受賞
中年男の意識の底によどむ進駐軍コンプレックスをえぐる「アメリカひじき」など、著者の〝焼跡闇市派〟作家としての原点を示す6編。

原民喜著
夏の花・心願の国
水上滝太郎賞受賞
被爆直後の終末的世界をとらえた表題作等、美しい散文で人類最初の原爆体験を描き、朝鮮戦争勃発のさなかに自殺した著者の作品集。

原田マハ著
暗幕のゲルニカ
「ゲルニカ」を消したのは、誰だ？ 世紀の衝撃作を巡る陰謀とピカソが筆に託したただ一つの真実とは。怒濤のアートサスペンス！

佐々木　譲著　ベルリン飛行指令

開戦前夜の一九四〇年、三国同盟を楯に取り、新戦闘機の機体移送を求めるドイツ。厳重な包囲網の下、飛べ、零戦。ベルリンを目指せ！

佐々木　譲著　エトロフ発緊急電

日米開戦前夜、日本海軍機動部隊が集結し、激烈な諜報戦を展開していた択捉島に潜入したスパイ、ケニー・サイトウが見たものは。

佐々木　譲著　ストックホルムの密使（上・下）

一九四五年七月、日本を救う極秘情報を携えて、二人の密使がストックホルムから放たれた……。〈第二次大戦秘話三部作〉完結編。

佐々木　譲著　警官の血（上・下）

初代・清二の断ち切られた志。二代・民雄を蝕み続けた任務。そして、三代・和也が拓く新たな道。ミステリ史に輝く、大河警察小説。

佐々木　譲著　警官の条件

覚醒剤流通ルート解明を焦る若き警部・安城和也の犯した失策。追放された〝悪徳警官〟加賀谷、異例の復職。『警官の血』沸騰の続篇。

佐々木　譲著　警官の掟

警視庁捜査一課と蒲田署刑事課。二組の捜査の交点に浮かぶ途方もない犯人とは。圧巻の結末に言葉を失う王道にして破格の警察小説。

佐々木譲著

暴雪圏

会社員、殺人犯、不倫主婦、ジゴロ、家出少女。猛威を振るう暴風雪が人々の運命を変えた。川久保篤巡査部長、ふたたび登場。

佐々木譲著

制服捜査

十三年前、夏祭の夜に起きてしまった少女失踪事件。新任の駐在警官は封印された禁忌に迫ってゆく――。絶賛を浴びた警察小説集。

佐々木譲著

沈黙法廷

六十代独居男性の連続不審死事件！ 無罪を主張しながら突如黙秘に転じる疑惑の女。貧困と孤独の闇を抉る法廷ミステリーの傑作。

青柳恵介著

風の男 白洲次郎

全能の占領軍司令部相手に一歩も退かなかった男。彼に魅せられた人々の証言からここに蘇える「昭和史を駆けぬけた巨人」の人間像。

白洲正子著

白洲正子自伝

この人はいわば、魂の薩摩隼人。美を体現した名人たちとの真剣勝負に生き、ものの裸形だけを見すえた人。韋駄天お正、かく語りき。

牧山桂子著

次郎と正子

―娘が語る素顔の白洲家―

幼い頃は、ものを書く母親より、おにぎりを作ってくれるお母さんが欲しいと思っていた――。風変わりな両親との懐かしい日々。

杉《すぎ》原《はら》千《ち》畝《うね》
—情報に賭けた外交官—

新潮文庫　し-79-1

平成二十七年十月一日発行
令和三年九月十日六刷

著者　白《しら》石《いし》仁《まさ》章《あき》

発行者　佐藤隆信

発行所　株式会社新潮社

郵便番号　一六二-八七一一
東京都新宿区矢来町七一
電話　編集部(〇三)三二六六-五四四〇
　　　読者係(〇三)三二六六-五一一一
http://www.shinchosha.co.jp

価格はカバーに表示してあります。

乱丁・落丁本は、ご面倒ですが小社読者係宛ご送付ください。送料小社負担にてお取替えいたします。

印刷・三晃印刷株式会社　製本・株式会社植木製本所

ISBN978-4-10-120066-8 C0131